ストの正体

キレイゴト抜きのいじめ対応

堀 裕嗣

Hori Hirotsugu

小学館
新書

帯デザイン　近田火日輝（fireworks. vc）
帯写真撮影　平井良信（有限会社　カヤ）

スクールカーストの正体　目次

序章

スクールカースト

1．用語「スクールカースト」の普及

〈スクールカースト〉という語が普及し始めたのは二〇〇〇年代の半ばのことだったように思う。なんだか霞みたいにどこからともなく立ち現れ、次第にネットで話題になり、いつしか生徒たちの間でも使われるようになって、幾人かの社会学系の論者が取り上げ始めて、米倉涼子のドラマ（「35歳の高校生」二〇一三年四〜六月）で爆発的に認知された。

最初は教育おたくとか一部のマニアックな人たちがこの語を用いて現代の教育問題を論じているという感じだったのに、二〇一〇年代になった頃から学校教育に携わる者にとっては無視できない言葉になってしまった。そんな感じで普及してきたように思う。〈学級崩壊〉も〈指導力不足教員〉も〈パラサイトシングル〉も〈婚活〉もそういう感じで普及してきたわけだから、きっとある言葉が普及するときっていうのはそういうものなのだ。

僕が〈スクールカースト〉なる言葉を知ったのは二〇〇〇年代の後半のことだったけれど、初めて聞いたときに、生徒たちを取り巻く教室内の階層意識を的確に表現する語として膝を打った記憶がある。そのくらい生徒たちを取り巻く状況を表すのにぴったりの言葉だった。一〇年代に入ってからは、「〇〇くん、カースト高いよね」「オレ、カースト低い

から…」などという言葉を他ならぬ生徒たちから聞くこともあったし、最近も、身近なところである学級のＬＩＮＥグループで四十人近い学級生徒全員を格付けする投稿があって指導に手を焼いたという話を耳にした。まったく、ドラマさながらの現実が学校のなかにさりげなく、それでいて確かな現実味を帯びて紛れ込んでいる実感がある。

「教師たちよ、おまえたちはもう、この言葉を無視できないぞ」

そんな声がどこからともなく聞こえてくる。

2.「同い年」と「人として」

テレビドラマでは、〈スクールカースト〉の決定要因が腕力の強さやスポーツができるできないの如何、ルックスの善し悪しや性体験の豊富さで測られるように描かれていたけれど、きっとそんな単純なものじゃない。テレビドラマは視聴率を稼がなくちゃいけないだろうし、そのためにはわかりやすさと話題性（話題としてのおもしろさ）が優先されるのだろうから、その単純さを批判しても始まらない。あれはあれでおもしろいドラマだったのだからそれでいい。でも、現実に、毎日を生徒たちと過ごしている僕ら教師は、そんなにシンプルな世界観を構築して「興味深いね…」と言っているわけにもいかない。事実として〈スクールカースト〉が学級集団や学年集団を歪めることがあるのだから、それに対処しなくちゃいけない。そういう意味では、教師なんて因果な商売だ。

ただ、ドラマがしつこくしつこく描いていた〈スクールカースト〉の決定要因が勉強のできるできないではないということ、社会的に評価されるようなステイタス（単純に言えば学級代表や生徒会長になるというような）でもないということだけは確かであるようだ。同学年集団、つまり同い年の人間が集まる三十〜四十人くらいの中規模な集団において、人としてどちらが上かどちらが下かと測る、そんなイメージで捉えると理解しやすい。

ここで大切なのは、「同い年」ということと「人として」ということだ。だから〈スクールカースト〉は、例えば部活動や地域のクラブチームのような異学年集団では形成されないし、勉強や生徒会活動みたいな社会的なステイタスにつながるようなものも決定要因にはならない。

それはちょうど、企業で同期入社の人のなかからいち早く出世した人が出たときに、その人を見ながら「人間的にはオレのほうが上なのに…」とか、「オレのほうが後輩社員に慕われているのに…」とか感じるような、そんな思いを抱くことを想定してみるとわかりやすいかもしれない。そういう思いを抱くときの基準となっているもの、明確に言葉にはできないけれど確かにこの世の中にある基準のように感じられるもの、それが学校という同い年の生徒たちが閉じこめられている学級集団のなかでは殊の外大きな意味をもつ、そんなふうにイメージしてみると良いと思う。

3. スクールカーストと職員室

僕はいわゆる「がっこのせんせい」の端くれで、学校を職場とし職員室を昼の住まいとしている。これまで札幌市で五つの学校に勤めたけれど、その多くは大規模校と言われる中学校で、二十学級以上の学校だった。二十数学級もある中学校の職員室には、驚くなかれ五十人近い教師がひしめくことになる。

長年教師という職業をしていて思うのは、職員室にも厳然とした職員室カーストがあるということだ。それも最近の学校は上意下達で動かされるようになったというイメージに基づく、校長をトップとしたピラミッド集団なんかではまったくない。校長よりも職員室カーストの高い教職員はうじゃうじゃいる。

その多くは仕事ができるできないもさることながら、他の先生方のフォローにいかに時間と労力を割くかとか、古くからその学校にいてその学校のシステムを熟知しているとか、優しい人であるとか女性教師の心をつかんでいる（変な意味ではない）とか、要するに職員室をスムーズに運営するのに役立っている人たちである。そういう人が職員会議でなにかを主張したり、侃々諤々の議論のあとにそれまでの意見をまとめて「今回はこれで行きませんか」なんて言うと、スーッと職員会議の空気が落ち着いたりする。職員室カーストの高い先生というのはそういう人だ。

まれに教務主任（学校の行事とか時間割とか、要するに学校のシステムづくりを司っている人）とか生徒指導担当とか学年主任とかで自己主張の強い人が職員会議の中心であることもあるけれど、また、高校では事務長がお金の実権を握っているだけに発言力をもっているという例も耳にするけれど、そうした地位や実権で発言力を担保されている人というのは、どうしても裏で陰口を叩かれることになる。やっぱり日本人は他人に優しい人とか、物知りで有益な情報をくれる人とか、人付き合いや仕事の仕方がスマートな人とか、学生時代から体育会系でノリのおもしろい人とか、そういう職場の雰囲気をつくれる人たちが好きなのだ。きっとみなさんの職場でもそうであるはずだ。

要するに〈スクールカースト〉とは、こうした職場を無意識的に格付けしているとっても日本人的な基準が、小学校高学年から中高生の同年齢集団の間で、非常に濃厚な形で現れたものなのだと考えるとわかりやすい。だから、社会で必ずしも仕事のできる人や地位の高い人が好かれるわけではないように、必ずしも実権を握っている人が怖れられこそすれ好かれるわけではないように、生徒たちの間でも自分たちの集団のなかで格付けがなされているのである。そういうことなのだ。

4．スクールカーストと流動性

ただし、職員室や会社のカーストと〈スクールカースト〉との間には一つだけ決定的な違いがある。それは流動性がないということだ。

職場なら多少ウマの合わない人がいたとしても、営業に出ているときや別のプロジェクトで働いているときにはその人から逃れられる時間がある。職員室に僕を日常的に攻撃してくる人がいたとして、授業をしているときにはその人から解放されるわけで、一日の大半が授業なのだから一日に何分かのその攻撃も我慢することができる。いざとなったら転勤希望を出して人事異動によって逃げることもできる。

でも、学級集団というのは一時間目から六時間目まで一日中そのメンバーで過ごすのである。それが毎日毎日続く。その学級がいやだから別の学級にしてくれという希望は原則として認められないし、この学級がいやだから転校しようというのもなかなかハードルが高い。一日中我慢を強いられるという状況は社会人にはあまりない状況である。その分、生徒たちにとっては深刻であるわけだ。

しかも、学級では少なくとも一年間、その固定化された人間関係が続くことになる。子どもの時間の流れは大人のそれよりもかなり長い。みなさんにも経験があるはずだ。いまでこそ一年間なんてあっという間に過ぎ、「また今年も紅白だ…」となるけれど、子どもの頃、十代の頃の時間はもっともっとゆったりしていた。そんな時間感覚のなかで、しかも固定化された人間関係のなかで、生徒たちがネガティヴな感情を抱きながら過ごさなければならないとしたら、それは僕ら大人には想像もできないような苦痛となるだろう。

それはちょうど、子どもがある一定の年齢になって公園デビューを果たした若いママさんが、ママカーストに苦しむのに近いかもしれない。人間関係に流動性がなく、公園ママのメンツがいやだからといってそう簡単に引っ越すというわけにもいかない。子どもが幼稚園や小学校に上がって思いもしないママカーストに苦しむというのは、世のお母さん方がみんな経験している。息子がサッカーの少年団なんかに入ってしまうと、やれ今週のお世話係はだれ、これとこれを揃えるのはだれの仕事と、土日も意に沿わない日程を組まれるのに文句も言えない。しまいにゃ行きたくもないメンツでランチにまで付き合わされる始末。〈スクールカースト〉はそんなママさんたちの実態に近いかもしれない。

5．スクールカーストと地域性

〈スクールカースト〉には地域性がある。これも見逃せない視点だ。基本的に〈スクールカースト〉は都市のものだ。各学級に三十数人とか四十人とかがひしめく。学年全体では数百人いる。そういう学校でこそ、〈スクールカースト〉は効力を発揮する。決して全校生徒十数人とか、小中併置の児童生徒あわせて数十人とか、そういう学校では機能しない。

次章で詳しく述べるけれど、〈スクールカースト〉の決定要因は「コミュニケーション能力」である。自分の意見をしっかり主張できるとか、他人を喜ばせる得意技をもっているとか、他人に対して思いやりをもっているとか、周りのノリにあわせてどんどん盛り上がれるとか、こうした他人とのコミュニケーションを円滑に運ぶことのできる能力をたくさんもっている者ほどカーストが高い。その意味で、ルックスの良さも他人を喜ばせる資質・能力の一つなのだと考えるとわかりやすい。こうした能力による格付けは小さな学校では機能しない。

例えば、日本全国、温泉街の学校では、児童生徒の間に厳然とした格付けがあって、なにをどうやっても逆転不可能ということがある。しかし、それはホテル王の孫とそのホテルで働く仲居さんの息子が同じ学級に所属しているといった場合であり、その格付けは大人たちの格付けと相似形をなしている、そんな地域の実態が学校に悪影響を及ぼしているに過ぎない。〈スクールカースト〉のように子どもたち独自の世界観が形成する格付けではないのだ。同じ意味で、農村や漁村をはじめ、第一次産業や第二次産業が主たる産業となっていて、大人たちのステイタスの影響をそのまま子どもたちが受けやすい構造になっている町村でも、〈スクールカースト〉は機能しにくい。

6. スクールカーストと性的イメージ

また、東京・大阪・名古屋・札幌・福岡といった百万人から数百万人の人口を要する大都市と、数十万人規模の郊外型の地方都市でも、〈スクールカースト〉の顕れ方が異なる。前者のような中心都市では文字通り「コミュニケーション能力」が〈スクールカースト〉の決定要因として顕在化するけれど、後者のような郊外都市では純粋な「コミュニケーション能力」以上に、実質的な〈ヤンキー〉のカーストが高くなる。これは生徒たちの〈スクールカースト〉の高低の基準が性的な奔放さと親和性をもっているからだ。

中心都市では十代に限らず、人々が性的にどのように動いているのかが表社会からは見えない。学校の先生や警察官、地位のある人が淫行をしていたと報道されるのは、そのほとんどが百万人以上の大都市である。不倫の現場が多いのも大都市だ。大都市はデートするにしてもホテルに行くにしても、知人に見られるリスクが小さい。つまり、中心都市は人々の性的な営み、性に関する営みが裏に隠れるのだ。

これが郊外型の地方都市ではそうはいかない。生徒たちから見れば、「あの子とあの子が付き合い始めた」とか「あの子はここまで経験した」とか、そうしたことが周りから見えてしまう。その結果、一切陰に隠れようとせずに性的な奔放さを見せつけることのできる〈ヤンキー〉と呼ばれる一群のステイタスが必然的に高くなるのだ。

もちろん、中心都市だってさまざまな地域に分かれているし、郊外都市にだって街の中心校と呼ばれるような中心都市的な特徴をもつ学校もある。だから、確定的にこう言うわけにはいかない。しかし、どんな都市であろうと、中心部ほど純粋な「コミュニケーション能力」が〈スクールカースト〉の決定要因となりやすく、周辺に行けば行くほどいわゆる〈ヤンキー〉のステイタスが高くなるという傾向はあると思う。僕は教職にある身なので、ほんとうはこういうことは言いづらいのだが、地価の高い地域ほど前者に近く、地価の安い地域ほど後者に近い、要するにそういうことだ。

では、以上を前提に、第一章では、〈スクールカースト〉が「コミュニケーション能力」を基準としてどのように決まっていくのかについて、具体的に見ていくことにしよう。

第一章

スクールカーストといじめ被害者リスク

1. リーダー生徒の不在

リーダー生徒がいない——こういう声を多く聞くようになった。多くの教師が実感的にそう語る。

その声を最もよく聞くのは三月下旬、学級編制会議の場である。一般に、学級編制をするときに、各学級に男女各一名のリーダー性をもち、学年リーダー或いは生徒会を担当するような学校リーダーレベル（高いリーダーA生徒（高いリーダーA生徒）、男女各一名のリーダーB生徒（リーダーAには及ばないが、学級をまとめる程度のリーダー性をもつレベル）の計四名を配する必要があるとされている。つまり、リーダー生徒は学級数×四の人数が必要とされるわけだ。しかし、そのリーダーA・B生徒のリストアップが必要数に遠く及ばないのが最近の傾向である。

反対に、問題傾向に数えられる生徒たちはかつてと比べて格段に増えている。八十年代に見られた教師に反抗的な、いわゆる「校内暴力」へとつながるような問題傾向生徒、多くの方々が問題傾向の典型として意識しているような、いわゆる「〈反〉社会生徒」と呼ばれる問題傾向生徒はむしろ減ってきている。

増えているのは「〈非〉社会生徒」と呼ばれる生徒たちと「〈脱〉社会生徒」と呼ばれる生徒たちである。前者は人間関係をうまく紡げないタイプ、小さな人間関係トラブルがすぐに決定的な不登校傾向への要因となってしまうようなタイプの生徒たちであり、後者は社会的な物語を共有できないタイプ、時間意識をもって学校生活を送ることが難しかったり、分担された当番活動に取り組めなかったり、授業や行事にごく普通に参加することが困難だったりといったタイプの生徒たちである。つまり総じて言うなら、「学校システムから遁走するタイプの生徒たち」が増えているわけだ。

結果、学級編制会議はたいへん重たい雰囲気で終わることになる。担任教師にとって自分の学級にリーダー生徒がいないということは、普通ならリーダー生徒のリーダーシップに期待できる仕事まで学級担任が担わなければならないことを意味する。学級集団というものは、「教師－生徒」という縦関係と「生徒－生徒」という横関係とがうまくバランスがとれたときに機能するという特徴をもっている。多くの教師はリーダー生徒に対して、学級担任が縦関係において強権発動した場合にも、リーダー生徒が横関係において調整してくれることを期待するものだ。学級担任に対して反感を抱いた生徒に、「まあ、そう言わないで先生の立場もわかってやろうよ」というようなリーダーイメージである。こうした調整力はあくまで、縦関係と横関係という「軸の異なる関係」がバランス的にうまく機能したときに発揮される調整力という特質をもっている。リーダー生徒のいない学級を担任することは、学級担任にとって、縦関係のみにおいて規範維持と学級のストレス調整との両方を担わなければならないことを意味するのだ。

これは学級担任にとってかなりきつい。教員以外の方々から見れば、規範維持と人間関係調整を同時にすることとぐらいできなくてどうする、それが学級担任の仕事だろ、と反論したくなるかもしれない。もちろん、学級経営・学級運営を巨視的に見ればその通りである。しかし、もう少し日常的に、微視的に見るならば、リーダーがいない学級というものは、学級担任がこうしたベクトルの異なる二軸の営みを、どんな些細なことに対しても配慮しなければならないということを意味するのである。

しかも、学級では「〈非〉社会生徒」「〈脱〉社会生徒」がかなりいて（私の実感では、現在、一般的な学級で四割程度を占める）、学級担任は毎日毎時間、こうした生徒たちへの対応に追われ続けている。更には、時代は消費資本主義社会。Aの正義はBの正義に反し、Cの利益がDの不利益にあたるという「多様化」への対応が、学級担任には常に突きつけられている。もちろんこうした生徒たちの背後には保護者もいる。そのなかには幾人かのクレーマーがいて、更には一定数のクレーマー予備軍も潜在している。いま学級担任が立っているのはこうした地点だ。

自分の学級にリーダー生徒がいることは、このストレスフルな状況をかなり緩和させることになる。「〈反〉社会生徒」を巻き込み、「〈脱〉社会生徒」をフォローする空気を醸成し、ときに発動せざるを得ない学級担任の強権に側面からやわらかな追い風をくれる。管理職や学年主任によるフォローといった「背後からの追い風」なんかよりもずっと心強く心地よい「横風」、それが「リーダー」と呼ばれる生徒たちの機能である。

小学校に引き継ぎに行くと、六年生の担任の先生に「リーダー生徒がいないんですよ。すいません」と言われることが多い。おそらく小学校高学年にも同じような構造があるのだろう。生徒会事務局を担当したり、学級代表委員会を担当したりする教師たちも、最近はメンバーを集めること自体に苦労している実態がある。たいへん残念なことではあるけれど、これがまぎれもない「学校の現在《いま》」である。

昨今、リーダー生徒が不登校に陥る事例が増えている。学校行事でリーダーとなり、中心的に学級をまとめようとした末に級友と軋轢が生じ、俗に言う「浮く」という状態になる。そうした人間関係トラブルに耐え切れずに不登校傾向を示す。そうした事例である。こうした事例の多さが「リーダー生徒がいなくなった」「リーダー生徒が弱くなった」という教師の実感を後押ししている現実がある。

2．スクールカーストとコミュニケーション能力

学級集団を構成する生徒たちが、時代とともに変容してきているのは確かだろう。現代の生徒たちは、〈自己主張力〉〈共感力〉〈同調力〉の総合力としての「コミュニケーション能力」の高低を互いに評価し合いながら、自らの〈スクールカースト〉の調整に腐心していると見て良いだろうと思う。〈スクールカースト〉は別名〈学級内ステイタス〉とも呼ばれ、学級への影響力・いじめ被害者リスクを決定し、子どもたちを無意識の階級闘争へと追い込んでいる。ここでは、森口朗の提案を軸に〈スクールカースト〉概念を見ていくことにしよう（『いじめの構造』森口朗・新潮新書・二〇〇七年六月）。

二十一世紀に入って、教育界から政財界に至るまで、これからの人間に必要なのは「コミュニケーション能力」であると声高に主張されるようになった。この言葉が毎年、就活学生を恐怖させているのも周知の通りである。しかし、この「コミュニケーション能力」の具体が何であるのかという説得力ある論述はなかなか見られない。就活生たちを恐怖させているのもこの言葉の実態がいまひとつつかめないからだ。

森口朗は、これを生徒たちが〈自己主張力〉〈共感力〉〈同調力〉の総合力と捉えていると分析した。〈自己主張力〉とは自分の意見を強く主張する力、〈共感力〉とは他人を思いやる力、〈同調力〉とは周りのノリにあわせる力である。

更に詳しく言うなら、次のようになろうか。

○**自己主張力**…自分の意見をしっかりと主張することができ、他人のネガティヴな言動、ネガティヴな態度に対してしっかりと戒めることのできる力。八十年代以降、世論によっても識者によっても政治・行政によっても大切だと喧伝されてきた能力であり、臨教審以来の教育政策の根幹として位置づけられてきた能力でもある。

○**共感力**…他人に対して思いやりをもち、他人の立場や状況に応じて考えることのできる力。従来から学校教育では何よりも優先される絶対的価値だと考えられ、リーダー性にとっても絶対的に必要とされ重視されてきた能力（というよりも、これがなければリーダーにはなり得ないとされてきた前提能力）。多くの教師が「いい子」「力のある子」と評価する要素にもなってきた。

○同調力…バラエティ番組に代表されるような、「場の空気」に応じてボケたりツッコミを入れて盛り上げたりしながら、常に明るい雰囲気を形成する能力。生徒たちによって現代的なリーダーシップには不可欠と考えられている、現実的には最も人間関係を調整し得る能力。

この三つの総合力を「コミュニケーション能力」と呼ぶ。毒舌タイプの級友にツッコミを入れて逆にオトしたり、おとなしい子やボケ役の子をイじって盛り上げたりしながら、「場の空気」によって人間関係を調整していく。しかし、その際、相手を、相手の心を決して傷つけてはならない。こうした高度な能力が「コミュニケーション能力」なのだ。

この三つの力の総合力を生徒たちが〈スクールカースト〉（＝学級内ステイタス）を測る基準としている、と森口は言う。森口はこれをマトリクスとしてまとめ（図1）、三つ

〈図1　スクールカーストの決定要因のマトリクス〉

コミュニケーション能力といじめ被害者リスク				同調力 高い	同調力 低い
自己主張力	高い	共感力	高い	スーパーリーダー	孤高派タイプ
自己主張力	高い	共感力	低い	残虐なリーダー いじめ首謀者候補	被害リスク　大 自己チュータイプ
自己主張力	低い	共感力	高い	人望ある サブリーダー	被害リスク　中 いいヤツタイプ
自己主張力	低い	共感力	低い	お調子者 いじられキャラ いじめ同調者候補	被害リスク　大 何を考えているのか わからないタイプ

の力といじめ被害者リスクとの関係を示した。

そこで分析されているのは、現代の学級が以下の八つのキャラクターによって構成されている、ということである。

以下、生徒たちを分類する文言については、堀が少々改めている。

①スーパーリーダー型生徒（自己主張力・共感力・同調力のすべてをもっている）

②残虐リーダー型生徒（自己主張力・同調力をもつ）

③孤高派タイプ生徒（自己主張力・共感力をもつ）

④人望あるサブリーダー型生徒（共感力・同調力をもつ）

⑤お調子者タイプ生徒（同調力のみをもつ）
⑥いいヤツタイプ生徒（共感力のみをもつ）
⑦自己チュータイプ生徒（自己主張力のみをもつ）
⑧何を考えているかわからないタイプ生徒（自己主張力・共感力・同調力のどれももたない）

これをもとに〈スクールカースト〉の高低を図示するなら、次頁の【図2】のようになる。「コミュニケーション能力」を構成する三つの要素をその資質として多くもっていればいるほど〈カースト〉は高くなり、その資質としてもつ要素が少なくなればなるほど〈カースト〉は低くなる。〈スクールカースト〉は原則として、この基準で決定されているのだ。そして森口朗は、〈スクールカースト〉が相対的に低くなる「⑥いいヤツタイプ生徒」「⑦自己チュータイプ生徒」「⑧何を考えているかわからないタイプ生徒」にいじめ被害のリスクが高くなると分析した。また、いじめの首謀者となるのは主に「②残虐リーダー型」であり、このタイプの生徒の動きに「⑤お調子者タイプ生徒」が同調することによっていじめが集団化するとも分析したのである。

〈図2　コミュニケーション能力と階層〉

3．コミュニケーション能力のプライオリティ

森口は言及していないのだが、実は「コミュニケーション能力」を構成する三要素、つまり、〈自己主張力〉〈共感力〉〈同調力〉にも優先順位がある。〈スクールカースト〉の決定要因としては〈同調力〉の優先順位が高い傾向があるのだ。みんなと一緒に盛り上がれる能力、みんなのノリにあわせられる能力、みんなのノリを理解できる能力、これらの能力は生徒たちにとって、級友たちと人間関係を紡ぐことのできるある種の協調性として理解されている。〈スクールカースト〉はあくまで集団内でのステイタス、階層である。ということは、その決定要因も他人に対する影響力の大きさ、心情的な他人との響き合いの如何が優先される。その意味で、他人のノリを理解して、一緒に盛り上がることのできる能力が、生徒たちにとっては人間関係力の前提として捉えられている。

〈同調力〉を発揮することなくある程度の〈カースト〉を維持するためには、〈孤高派タイプ〉のように、みなが認めるような説得力のある〈自己主張力〉と、いざというときには他人のために自分を犠牲にして動くことができる〈共感力〉とをともにもっている必要があるわけだ。

第二に、優先順位が高いのは〈自己主張力〉である。しかもそれは他人に影響力を与えられるような自己主張、周りを喜ばせたり周りを盛り上げたりできるような自己主張でなければ意味がない。だれにも理解されない自分の世界をいくら主張しても、それは「自己チュー」として忌み嫌われるだけである。つまり、〈同調力〉を伴うような〈自己主張力〉でなければ評価されないわけだ。

残念なことに第三が〈共感力〉だ。学校教育が、延いては戦後民主主義教育に育った教師たちが生徒たちを評価する基準として最も大切にしてきた〈共感力〉は、〈スクールカースト〉を決定する要素としては優先順位の低いものとなってしまっている。私は一九六六年（昭和四一年の丙午）生まれなのだが、私たちより上の世代の教師たちは多くの人たちが、「勉強なんてできなくてもいいから優しい子に育てたい」と本音では思いながら教職に就いてきた。いまだってそういう考え方をする教師たちは一定程度いるのが現実だ。しかし、生徒たちの間では、〈共感力〉は、確かにあったほうが良いものだけれど、〈自己主張力〉や〈同調力〉ほどの重要性はない、そういう能力なのである。

4. スクールカーストと自己主張力

なぜ、このような時代が到来したのか。分析の観点はいろいろあるけれど、僕はこの所以の一つとして教育の成果が大きく影響していると思う。臨教審以来、この国の教育は生徒たちに〈自己主張力〉が大切だと教えてきた。ちょうど八十年代からのことだ。偏差値偏重教育への批判、管理教育への批判が華やかなりし頃、この国の教育は「個性重視」の旗印のもと、自らを主張して良いのだ、自らの意見をしっかりともつべきなのだと指導してきた。自らを主張すべきと関心・意欲・態度の大切さが喧伝され、ディベートやプレゼンテーションなど人それぞれの利害を前提とする自己主張の教育が奨励されてきた。

この間、道徳教育は規範意識の醸成ばかりが叫ばれ、人の痛みや悲しみに共感できる人になろうとの従来からの教育は後退した。「心の教育」が叫ばれたのも、かの酒鬼薔薇聖斗事件を契機とした、あまりにも理解不能な少年事件に対する反動に過ぎなかった。ゆとり教育を進めようとした時代、「総合的な学習の時間」や「選択履修枠の拡大」を議論した当時の教育課程審議会（以下「教課審」）の座長三浦朱門が「少数のエリートさえ育てればいい。あとの人間は規範意識さえ身につければいい」という旨の発言をして顰蹙を買ったこともあった。これが八十年代、九十年代の文教政策の本音だったか……と、まだ青年教師だった僕などは眉をひそめたものである。

〈自己主張力〉は間違いなく、臨教審以来のこの国の教育方針だったのである。いま、そうした教育政策のなかに育った子どもたちが親の世代になっている。〈自己主張〉のできる生徒たちがこれほど評価されることに、この経緯が影響していないはずがない。

もちろん、〈自己主張力〉がここまで評価されるに至った理由の一番は、八十年代以降、この国が消費社会への道を一心に進んだからでもある。大家族が解体され核家族化すると、大家族に一台だったテレビや冷蔵庫や洗濯機は、おじいちゃん世代に一台、息子世代に一台と需要を増やした。この構造のうまみに気づいたこの国の政治や行政や企業は、これからは個人主義の時代だと核家族さえ解体し始めた。子ども一人ひとりが部屋をもち、テレビは一人一台の時代だと喧伝した。車も一人一台の時代だと喧伝した。こうしてこの国の消費は爆発的に増え、この国の内需も維持されたのだ。

世の中はとても便利になった。子どもから老人まで消費者として生きられるようになった。ビデオとコンビニの普及が好きなときに好きな映像を観て、お腹が空いたら好きな時間に食べ物を買える「真夜中の個人主義」を後押しした。だれもが自分の欲望に忠実に生きられるようになった。そして、ネットとケータイの普及がそれに拍車をかけた。〈以心伝心〉で運営されていた日本のコミュニケーションは、欲しいものは欲しい、したいことはしたいと〈自己主張〉で運営されるコミュニケーションになっていった。それがこの四十年の変化がもたらしたこの国のカタチなのである。

子どもというものは、特にティーンエイジャーというものは、その時代の空気を胸いっぱいに吸い込んで生きている。いい年をした大人でさえ、もう家族と夕食をともにしながら家族の都合に左右される生活に戻れないというのに、ビデオとコンビニとケータイのない〈以心伝心〉の時間には戻れないというのに、子どもたちがそうした消費者アイデンティティを抱かないはずがない。〈スクールカースト〉を決定する要素として、〈自己主張力〉が大きく作用する要因は、荒く言えばこういうことなのだ。時代の変化（それもそうと意識せぬままに国を挙げて取り組んだ経済政策）と教育の成果が〈自己主張力〉を重視する生徒たちを創出したのである。

5．スクールカーストと同調力

〈同調力〉の重要性は二〇〇〇年代以降の時代の機運だ。僕はおそらく「M‐1グランプリ」の影響が大きかったのではないかと感じている。もう少し正確に言うなら、「M‐1グランプリ」の大流行とそれ以前からバラエティ番組が採用していたひな壇型番組とのマッチングである。

「M‐1グランプリ」は多くの若手芸人をスターにした。一部はほとんど俳優に転向したりネタにこだわってあくまで漫才を中心に活動したりしている者もいるが、多くはいわゆる「ひな壇芸人」となって、島田紳助や明石家さんま、ダウンタウンといった芸人たちが司会をする番組で三列ほどに並べられ、トークを見せる番組で活躍するようになった。

そこでは司会者の大物芸人がネタを振り、それに応えることによって場を盛り上げることのできる芸人が人気を博す。リアクション芸人と呼ばれる一連の芸人たちは、意図的にボケてツッコミを入れられることによって独自のリアクションで場を盛り上げてこれまた人気を博す。場を盛り上げられないような発言をした芸人、司会者の意図を読み違えた芸人は一斉に「空気読めよ！」と叱責される。そして彼らはみな、二〇〇〇年代に「M‐1

グランプリ」や「エンタの神様」によってスターダムにのし上がった若手芸人たちだった。いまではこうした手法はどの局のどのバラエティ番組を見ても、クイズ番組やワイドショーといった情報番組を見ても採り入れられるようになった。かつては「踊る！さんま御殿!!」をはじめとする幾つかの番組で見る程度だったけれど、現在はほとんどすべての番組に多かれ少なかれこの手法が採り入れられている。

〈スクールカースト〉を決定する要素として最重要と目される〈同調力〉は、明らかにこのバラエティ番組のひな壇芸人の在り方がモデルとされている。それも〈空気〉と呼ばれる不確かなものが神聖化され、〈空気〉を読めなかった者、〈空気〉を壊した者は「反〈空気〉罪」とでも呼ぶべき犯罪があるかのごとく叱責され排除される。「コミュニケーション能力」は、〈空気〉に乗ることが前提とされ、そこからの逸脱は決して許されない。おそらく生徒たちにとって、それが〈同調力〉なのである。

しかし、そうまで神聖化される〈空気〉とはいったい何なのだろうか。山本七平の『空気の研究』（文春文庫・一九八三年／初刊行は一九七七年）が引用され、日本人はもともと戦時中の政策決定でさえ〈空気〉に逆らえなかったということばかりが強調されるけれど、果たしてその「空気」と、若手芸人たちや生徒たちが言う〈空気〉とは同じものなのだろうか。「空気読めよ！」と現在の若者たちが日常的に口にし、空気を読めない人間を「KY」と呼ぶ慣習が定着した、その〈空気〉とはいったいいかなるものなのだろう。

ズバリ答えるなら、それは「その場を支配している人間の意図」である。そう僕は感じている。

島田紳助や明石家さんま、ダウンタウンが司会をしているとき、ひな壇芸人と呼ばれる若手芸人たちは不適切な発言をした芸人を「空気読めよ！」と叱責する。ここで言う〈空気〉とは紳助やさんまや浜田が場をこっちへ進めようとしている方向性、つまり司会者の意図のことである。彼らはその場を支配し、会話の方向性を定め、その方向性に則って若手芸人を指名して発言を促す。視聴者から見て意外性のある発言に見えたとしても、それらの内容はあらかじめ紳助やさんまや浜田の頭のなかに入っていて、若手芸人に発言を促すとき、暗黙のうちに彼らは「あれを言え」「これでからめ」と以心伝心を期待している。それを受けてうまく自分の発言をかぶせることができた人間が〈空気〉に乗った笑いを得ることができ、それをできなかった人間が「空気読めよ！」と叱責されることになる。この「空気をつくる力」「場を支配する力」をもっているが故に、紳助もさんまも浜田も名司会者と言われ、テレビ界に君臨し続けた。

しかし、島田紳助も明石家さんまも浜田雅功も、常に自分の支配空間だけをつくっているわけではない。例えば、ゲストの一人にいわゆる「天然ボケ」の人間がいたとする。〈空気〉を読めるわけもなく、それどころかときに語彙力のなさや思い込みから大きな勘違いをして、司会者からも若手芸人たちからもツッコミを入れられまくる。

こうしたとき、紳助もさんまも浜田も決して自分の意図によって〈空気〉を支配しようとはしない。その「天然ボケ」のゲストが意図せずに「その場を支配してしまっている」からだ。その本人も意図せぬ〈空気〉に乗っかって、その〈空気〉を増幅させることに徹する。そのゲストに対するツッコミとフォローに徹するわけだ。〈空気〉の読める若手芸人もその〈空気〉に乗っかっていく。いや、あくまで名司会者たちが若手でさえその〈空気〉に乗れるような流れをつくっていくのだ。名司会者と呼ばれる人たちにはこういうことさえできるのである。

おそらく森口朗の言う〈残虐型リーダー〉のモデルとして機能しているのは、島田紳助や浜田雅功といった少々〈ヤンキー〉色のある攻撃的な名司会者たちである（明石家さんまはちょっと違う）。そして〈お調子者タイプ〉のモデルとして機能しているのは、〈空気〉の読めるひな壇芸人やリアクション芸人と呼ばれるプロのお笑い芸人たちだと思われる。現代の若者たちが〈空気〉に敏感で、もはや〈空気〉を神聖化しているのも、グループのなかで〈キャラ〉がかぶるのを気にするのも、こう考えればすべて理解できるのだ。

それにしても、もしそうだとすれば、〈同調力〉とはなんと高度な技術を必要とする能力だろう。もはや「コミュニケーション能力」のすべてと言っても良いほどではないか。こんなことが素人芸でできるわけがない。しかし、〈スクールカースト〉に無意識的に掠め取られている生徒たちからしてみれば、そのハードルを越えたいと本気で思ってしまう構造があるのだろう。僕は教職にある身ながら、生徒たちと話をするなかで、この時代に子どもじゃなくてほんとうに良かった……と本気で感じたことが何度もある。いま中高生だったら、僕は絶対にやっていけない（笑）。

6．八つの現代的生徒像

さて、〈スクールカースト〉の階層に話を戻そう。

森口朗の提案に従って、僕は生徒たちの八つのタイプ（キャラクター）を提示した。

①スーパーリーダー型生徒（自己主張力・共感力・同調力のすべてをもっている）

②残虐リーダー型生徒（自己主張力・同調力をもつ）

③孤高派タイプ生徒（自己主張力・共感力をもつ）

④人望あるサブリーダー型生徒（共感力・同調力をもつ）

⑤お調子者タイプ生徒（同調力のみをもつ）

⑥いいヤツタイプ生徒（共感力のみをもつ）

⑦自己チュータイプ生徒（自己主張力のみをもつ）

⑧何を考えているかわからないタイプ生徒（自己主張力・共感力・同調力のどれももたない）

先にも述べたように、この八つのタイプのうち、森口は「⑦自己チュータイプ生徒」と「⑧何を考えているかわからないタイプ生徒」とがいじめ被害者になるリスクが高いと分析した。また、この二タイプほどではないが、「⑥いいヤツタイプ生徒」にもいじめ被害者となるリスクがある程度高いとも分析した。また、多くのいじめは「②残虐リーダー型生徒」が首謀者となり、それに「⑤お調子者タイプ生徒」が同調することによって集団化するとも分析した。

では、現在の学級集団において、それぞれのタイプはどの程度存在するのだろうか。なんのデータも学術的裏づけもなくて恐縮なのだが、僕はこれまで二十数年間の自分自身の教職経験、そして全国あちこちの教員向けセミナーで現役教師の話を聞いてきた実感から、地域差はあるにしても少なくとも大都市の中学校・高校では、一学級を四十人として、次のような割合で多くの学級集団が構成されていると考えている。

①スーパーリーダー型生徒　0か1人（0という学級が圧倒的に多い）
②残虐リーダー型生徒　1～3人程度
③孤高派タイプ生徒　0～3人程度
④人望あるサブリーダー型生徒　2～5人程度
⑤お調子者タイプ生徒　15～30人程度

〈図３　構成人数比のイメージ〉

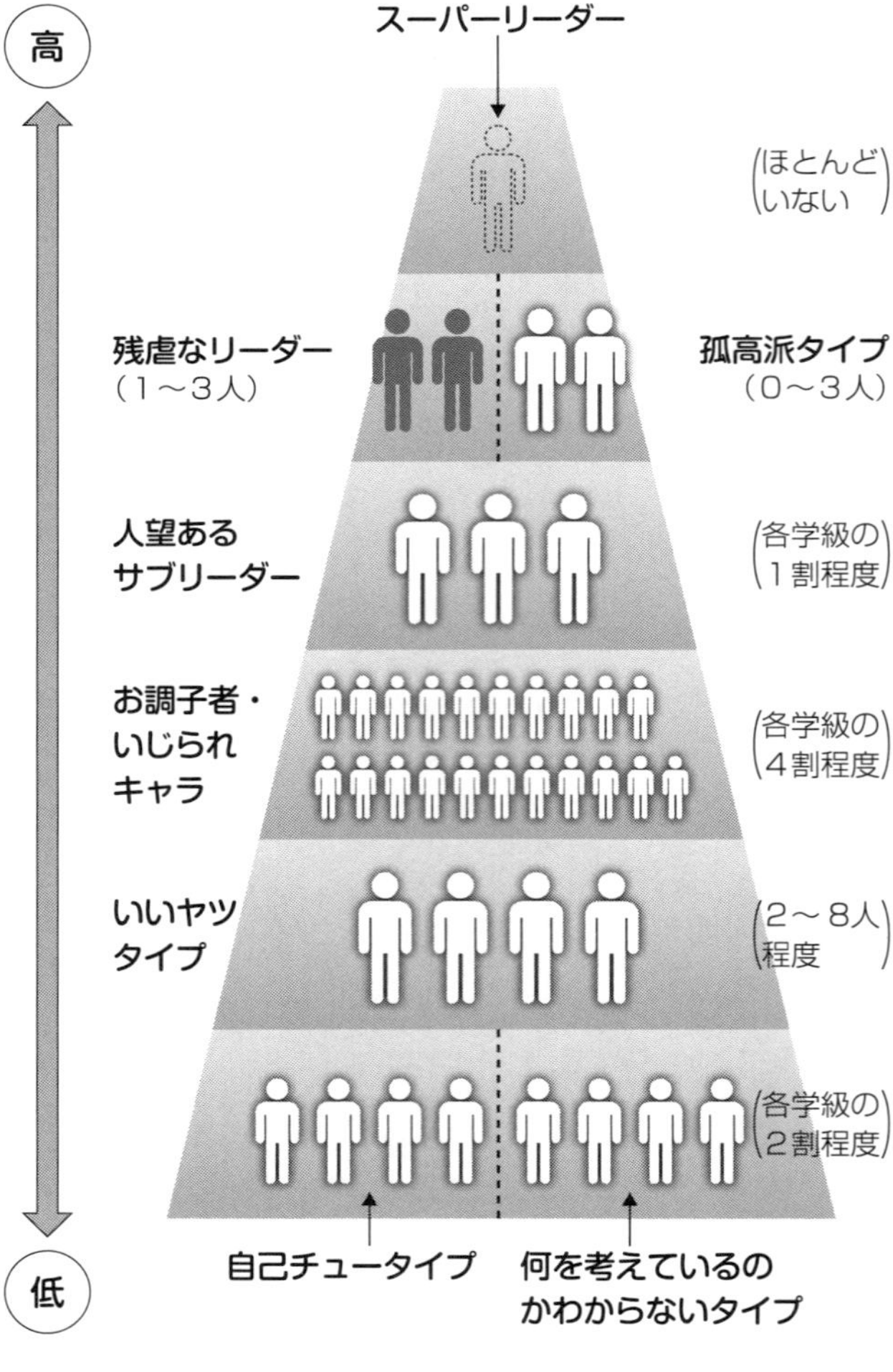

高
スーパーリーダー
（ほとんどいない）
残虐なリーダー
（１～３人）
孤高派タイプ
（０～３人）
人望あるサブリーダー
（各学級の１割程度）
お調子者・いじられキャラ
（各学級の４割程度）
いいヤツタイプ
（２～８人程度）
（各学級の２割程度）
自己チュータイプ
何を考えているのかわからないタイプ
低

⑥いいヤツタイプ生徒　2～8人程度
⑦自己チュータイプ生徒　5～10人程度
⑧何を考えているかわからないタイプ生徒　2～8人程度

現在の学級集団は一般的に、「①スーパーリーダー型生徒」がほとんどいない。それに対して、「⑤お調子者タイプ生徒」「⑥いいヤツタイプ生徒」「⑦自己チュータイプ生徒」はかなりの数がいる。また、「残虐リーダー型生徒」も一定程度いる。この集団構成が学級担任にとって現在の学級集団の統率を著しく困難にしているのだ。

①スーパーリーダー型生徒（自己主張力・共感力・同調力のすべてをもっている）

本章冒頭でも述べたとおり、現在の学校はリーダー生徒不足にあえいでいる。僕はこれまで全校二十学級以上の大規模な中学校に勤めることが多かったのだが、学年が七～八学級もあると学年生徒は二百五十～三百人程度いることになる。そんななかでも、リーダーA生徒が二人とか三人とかしかいなくて、学級編制で悩むということを何度も経験してきた。九〇年代まではそんなことはなかったように記憶している。二年生の二学期になると生徒会の役員選挙があって、生徒会長を選出しなければならない時期になるのだが、生徒会長に相応しい生徒がなかなかいないというのも、二十一世紀に入って全国どこの学校でも見られる悩みの種の一つだ。

②残虐リーダー型生徒（自己主張力・同調力をもつが、共感力をもたない）

森口朗の名づけた「残虐なリーダー」という語が粗暴な生徒の印象を与えるため、かつての不良少年や番長タイプの生徒を思い浮かべる読者がいるかもしれない。しかし、ここで言う「残虐リーダー型生徒」は決して暴力的であったり授業を壊したりまじめな生徒たちを力で圧したりといった生徒たちではない。むしろ、野球部やサッカー部、バスケットボール部といった花形部活の中心選手であることも少なくないし、地元のクラブチームでかなり大きな活躍を見せている生徒であることも少なくない。

また、成績が良い生徒であることも珍しくない。かつては勉強をするということは、教養をもつという方向性に位置づけられていた。そういう社会的コンセンサスがあった。だから、勉強ができることは本人にとっても、自分は将来社会の役に立つんだ、みんなの役に立つんだという思いと重なることが多かった。だから、かつての生徒会長はほぼ全員が勉強のよくできる生徒たちだったたし、自分を犠牲にしてみんなのために時間と労力を費やすことを厭わなかった。しかし現在、勉強ができることはあくまで将来の収入を増やすこと、自分の将来を安定させることのみで考えられる傾向がある。

そんななかで、他人に対する〈共感力〉に乏しい生徒たちが、他人をいじりながらコミュニケーションを図る名司会者たちをモデルに学級内で人間関係を紡いでいるうちに、本人としては悪意がないのに「いじめ」に近い動きをしてしまうという場合が少なくない。そこに〈同調力〉をもつ「お調子者タイプ生徒」たちが同調し、集団化してしまうことによって「いじめ」と認定されてしまうという構図が多い。

本書は「いじめ」を主たるテーマとしているので、敢えて「残虐リーダー型生徒」と呼称しているけれど、これらの生徒たちが根っから意地の悪い、悪意のある生徒たちであるわけではないことは付け加えておかねばならない。

③孤高派タイプ生徒（自己主張力・共感力をもつが、同調力をもたない）

ごくごく簡単に言えば、自分をしっかりともっていて他人の気持ちを理解し、ときに他人に対する優しさをも示すが、周りのノリに与することだけはほとんどない、笑いのツボが現代的でない生徒ということになる。勉強もある程度でき、休み時間なども一人で過ごすことが多い。だれかと一緒に過ごすとしても、同じ学級の生徒というのではなく、学級に関係なく趣味のあう人間（読書やＰＣなど）、話のあう人間と交流する程度である。しかもその関係は決してべったりとした人間関係にはならない。比較的無口なことが多く、自分に関係のないことには口を出さない。そういうタイプの生徒だ。

人付き合いは決してよくないのだが、能力が高いために「残虐リーダー型生徒」からも一目置かれる存在になる。また、学級担任から見れば「この子が学級のリーダーとして働いてくれればなあ……」というタイプなのだが、担任がそれを働きかけても「いえ、僕はそういうのはどうも……」と前に出ようとしない。学級担任から見ても扱いづらいタイプの生徒である。

小学校時代に児童会長だったとか、地域の子ども会のようなところで中心的に活動していたとかいう経験があり、そこでいやな思いをしたという経験をもつ者も少なくない。そうした経験が学校や子ども共同体では「絶対に人前に出ない！」と決意させた経緯となったという場合である。このタイプの生徒が中学校にも高校にも一定程度存在する。

④人望あるサブリーダー型生徒（共感力・同調力をもつが、自己主張力をもたない）

学級担任からいわゆる「いい子」と評価されるタイプの生徒たちである。一般的に育ちが良く、家庭の経済状態も安定している。トップエリートの子女ではないが、公務員や中堅企業以上の安定した収入を得る両親をもつ。母親は専業主婦である場合が多い（せいぜい短時間のパート勤務）。成績は中の上、冒険心がなく、学校文化によく馴染み、どんな学級担任でも先生の言うことをよく聞く、そういうタイプだ。

学級代表や生徒会役員として地道な仕事をさせるとほとんどミスなく取り組むが、生徒会長や部活動の部長など、他人に影響を与えるほどのリーダーシップはない。自分に与えられた仕事についても、他人からなにかを指摘されたり新しいアイディアを進言されたりすると悩んでしまう。他人がいやがることは一切言わないし一切しないので、周りからの信望は厚く仲間も多い。「残虐リーダー型生徒」にいじられても軽く受け流すことができ、集団のノリにあわせることもできる。その意味で、「残虐リーダー型生徒」に目をつけられることもなく、学級集団のなかでもある程度の地位を占めている。

運動系の部活動や中心的な文化部（吹奏楽部など）に所属し、ある程度の活躍を見せている場合も少なくない。文化部はもちろん、卓球部やバドミントン部など屋内のラケットスポーツでは中心選手として活躍し、部長を務めている場合も多々見られる。陸上部やラケットスポーツはチームを統率する力量があまり必要とされない、いわば個人種目に近い部活動なので、自己主張の強くない生徒でも地道な仕事振りで部長を担うことができる場合が多い。

⑤お調子者タイプ生徒（同調力のみをもち、自己主張力・共感力をもたない）

現在の生徒たちの主流派である。自己主張力が低いので、自分からすすんで何かを始めるということは少ないが、その場の〈空気〉を的確に察知して自分の立ち位置を決める。自分の居場所を確保することに長けている生徒たちである。成績の善し悪し、家庭環境の善し悪しとは無関係に存在する。時代の風を一身に浴びている生徒たちとも言える。

学級集団において基本的にはサイレント・マジョリティを形成する。学級に「スーパーリーダー型生徒」がいる場合にはスーパーリーダーに従って学校文化に馴染んだ行動を取るが、スーパーリーダーがおらず「残虐リーダー型生徒」が力をもっている学級集団では残虐リーダーの動きになびく傾向がある。学級担任が「残虐リーダー型生徒」を抑えられない場合には残虐リーダーに同調し、このタイプの生徒たちのなかからいじめや学級崩壊に中心的な役割を担う者も出てくる。「お調子者タイプ」の生徒たちがどういう動きをするかが、現在の学級運営の成否を決めると言っても過言ではない。

教師が現代型の学級集団を運営するには、この「お調子者タイプ」集団を学校文化に馴染む方向に引き寄せるか、その場のノリだけで動く方向に散逸させてしまうかがキーポイントとなっている。力量の高い学級担任はうまく前者の方向にもっていけるが故に学級が安定し、力量の低い学級担任は後者の道を辿るが故に学級が安定せず、ときには学級崩壊へと至る。そうした構造がある。

⑥いいヤツタイプ生徒（共感力のみをもち、自己主張力・同調力をもたない）

優しく、おとなしいタイプの生徒たちである。成績は高い者から低い者までいるが、人前に出る活動は一切しない。教師に逆らうこともなく、学級の掲示物をつくったり装飾をしたりといった地道な活動に一所懸命に取り組むので、教師からは好感をもたれる。ただし、学級担任から見れば「手のかからない生徒」であるため、悪く言えば、教師から「放っておかれる」傾向が少なくない。本人としても悩みを友達に打ち明けたり担任に相談したりということができないため、自家中毒のように不登校傾向を示すこともある。

このタイプの生徒たちにはオタク文化との親和性も高く、〈スクールカースト〉としては決して高くない。同じようなタイプの生徒たちで小さなグループをつくり、自分たちだけの世界で楽しむ傾向がある。オタク傾向の男女が集まって、男女間の交流が日常的に行われている場合も多い。また、放課後には、趣味の共通する異学年集団で交流している場合も少なくない。そうした場合には、オタク文化に関する知識（＝データベース）をどれだけもっているかによって、その集団においてのみ機能する独自の〈カースト〉が形成されている場合もある。

「残虐リーダー型」や「お調子者タイプ」の生徒たちから見ると、「悪いヤツではないけれど、やることがトロい」と評価されることが多く、いじめ被害者となるリスクは決して小さくない。特に学級担任の力量が低く、「お調子者タイプ」集団が「残虐リーダー型生徒」になびいている学級集団では、日常的に〈いじり〉の対象となることが多い。

⑦自己チュータイプ生徒（自己主張力のみをもち、共感力・同調力をもたない）

とにかく自己主張が強い。周りのノリも共有しない。他人の気持ちを理解するわけでもない。自分の趣味・嗜好、自分の立場の正当性だけを主張するので、周りからはワガママに見え、嫌われやすい。教師もその扱いに手を焼くことになりやすい。必然的に教師から指導を受ける場面が増えることになる。それも被害者としてだけでなく、ときには加害者としても指導を受けることになる。しかし、本人は自分がなぜ、加害者側として責められなければならないのかを理解することができず、なかなか学級集団にも学級担任にも馴染むことができない。

オタク文化との親和性が高く、アニメやゲーム、ライトノベルなどを生き甲斐としている生徒が少なくない。新しいゲームソフトが発売された場合には、三日連続で学校を欠席し、寝食を忘れて楽しむという生徒もいる。

また、多動系の発達障がい傾向をもつ生徒がこのタイプにあたることも少なくない。更には、このタイプの生徒たちが教師や周りの子どもたちの適切なかかわりを得られなかったために二次障がい、三次障がいへと至って〈ヤンキー色〉を強めていき、強烈な「残虐リーダー型生徒」になっていく場合もある。

新しい学級が結成されたときに、まず初めにいじめのターゲットとされるのがこのタイプの生徒である。ただし、このタイプの生徒は「残虐リーダー型生徒」とも「お調子者タイプ生徒」とも正面から闘うので、年度当初から大きなトラブルとなりやすい。教師から指導を受けることも多いが、教師に対しても自分の非を認めないので、いじめ加害者生徒たちからも「アイツとかかわると面倒くさい」と避けられるようになっていく。それが少しずつ本人の孤独感を深めていき、「みんなが自分を無視している」「みんなが自分を相手にしない」と担任に訴え出ることになり、学級に多くの問題を引き起こし続けることも少なくない。

総じて、いじめ被害者リスクの非常に高いタイプの生徒たちということになる。

⑧何を考えているかわからないタイプ生徒
（自己主張力・共感力・同調力のどれももたない）

このタイプの生徒たちは「何を考えているかわからないタイプ」であるから、実は解説しようとすること自体が本来は論理矛盾である。しかし、それでは話が進まないので、無理にでも言葉にしてみようと思う。教職に就く身としては言いづらい部分も多々あるのだが、そのあたりはご了承いただきたい。

現在、普通学級における特別な支援を要する子の指導や援助の在り方が学校教育で大きな課題となっている。その多くはいわゆる「発達障がい」と呼ばれる、多動系であったり自閉系であったりという傾向をもつ子どもたちである。この子たちの保護者は学校に呼ばれて、教頭や校長、学級担任に病院や関係機関で診断を受けてはどうかと勧められることが多い。それが昨今の情勢である。

こうした場合、学校側は必ず、この子に適した指導・援助の在り方を専門家に助言を求めることによって、よりよい教育をこの子に施すことができるという論理で説得しようとする。もちろん、それがないわけではないが、学校側の本音は多くの場合、こうだ。

その子が「普通の子」として学級集団に所属する限り、周りの子たちは「何を考えているかわからない子」「自分たちとはちょっと違う変な子」としてしか見ない。それがいじめのターゲットとされたり、人間関係トラブルを頻繁に起こしたりすることになる。それが「診断を受けた子」として周りの子どもたちに周知させることができたならば、周りの子たちもその子をターゲットにはしなくなる。「あの子は特別なのだ」という認知を学級内につくることができる。すると、学級担任が特別にその子に手をかけることも周りの子たちが差別だと感じなくなり、学級集団が安定する。

学校に呼び出されて診断を受けよと言われた保護者は「うちの子を排除しようとするのか」と憤ることが多いのだが、学校側は多くの場合、決して排除しようとしているわけではない。端的に言うなら、その子を特別扱いする理由を、それも周りの子どもたちにとって説得力のある理由を得ようとしているのだ。

この「何を考えているかわからないタイプ生徒」は多くの場合、こうした特別な支援を要する（と目される）子である場合が多い。それが「残虐リーダー型」「お調子者タイプ」の生徒たちから見ると、「何を考えているのかわからない子」「自分たちとはちょっと違う変な子」として認知され、その結果、いじめ被害者リスクが非常に高くなるということになっているのである。学級担任の側から見れば、学級集団の多くを占める「残虐リーダー型」「お調子者タイプ」の生徒たちを指導することは困難である。そこで、いじめ被害者になりやすく、トラブルの要因ともなりやすい被害者側の説得を試みているわけだ。

いずれにしても、こうした子どもたちの保護者の説得は大抵の場合うまくいかない。そうすると、こうした子どもたちに対するいじめの指導は、学級担任にとって「いじめはいけない」「いじめはあってはならない」という一般論を論拠とした指導にしかならなくなる。現在、こうした傾向が学校のいじめ指導をとても難しくしている現実がある。

八つのタイプの典型を、僕なりに少し過激に言葉にしてきた。読者のみなさんのなかには「ちょっと決めつけが過ぎるのではないか」との感想をもたれた方も多いに違いない。もちろん、実際の生徒たちはこんなに単純に分類できるものではないし、これらの複合的な要素をもつ生徒たちもかなりいるのが現実だ。しかし、こうした分類基準をもっているのともっていないのとでは、教師の指導に雲泥の差が出る。指導の的確さにかなりの影響を与えることになる。その意味で、無理を承知でそれぞれの典型を分析してきた。

次章では、これらの生徒たちが教室内で実際にどのような動きを示すのか、具体例を挙げながら紹介していく。

第二章

スクールカーストと校内トラブル

1. 学級担任へのまなざし

本章では〈スクールカースト〉を観点としながら、校内トラブルがどのように現象していくかということを分析するわけだが、そのためにはどうしても学級担任がどのような教師かという話を避けて通れない。生徒たちの校内トラブルは教師のかかわり方と密接なつながりがあるからだ。ここでは少し遠回りになるが、まずは教師の実態について語っていこうと思う。

僕は前章において、生徒たちが〈自己主張力〉〈共感力〉〈同調力〉という三つの要素で構成される「コミュニケーション能力」の如何を相対的に評価し合い、〈スクールカースト〉を決定していくと述べた。また、それぞれの要素の高低によって、生徒たちが大まかに八つのタイプに分けられるとも述べてきた。即ち、以下の八つである。

①スーパーリーダー型生徒（自己主張力・共感力・同調力のすべてをもっている）
②残虐リーダー型生徒（自己主張力・同調力をもつ）
③孤高派タイプ生徒（自己主張力・共感力をもつ）
④人望あるサブリーダー型生徒（共感力・同調力をもつ）

⑤お調子者タイプ生徒（同調力のみをもつ）
⑥いいヤツタイプ生徒（共感力のみをもつ）
⑦自己チュータイプ生徒（自己主張力のみをもつ）
⑧何を考えているかわからないタイプ生徒（自己主張力・共感力・同調力のどれももたない）

読者のみなさんは、こうした〈スクールカースト〉を決定するための〈自己主張力〉〈共感力〉〈同調力〉を測る眼差しがあくまで生徒たち同士のものだと感じられたかもしれない。僕もこれまで話をわかりやすくするためにそういう語り方をしてきたから、当然と言えば当然である。

しかし、こうした眼差しは、実は担任教師にも向けられているのである。生徒たちから見れば、学級担任も学級集団を構成する一員である。「仲間」という意味ではなく、学校で過ごす時間を共有し、教室という同じ場所を共有する一員である。要するに、時間と場所を共有するという意味では、生徒たちが牽制し合うなかで形成されていく〈スクールカースト〉の対象となるわけだ。

この「コミュニケーション能力」を測る眼差しが教師に向けられたとき、教師が〈自己主張力〉〈共感力〉〈同調力〉のすべてをもっている「スーパーリーダー型教師」であれば、「②残虐リーダー型生徒」がいじめの動きをしたとしてもそれを抑制することができる。「⑤お調子者タイプ」の生徒たちも「残虐リーダー型生徒」よりも担任のほうが〈カースト〉が上と見れば、その動きに同調することがない。

そもそも当の「残虐リーダー型生徒」自身が先生には敵わないと思うので、いじめの動きやトラブルの動きをすること自体が少なくなる。学級担任と「残虐リーダー型生徒」がお互いにいじったりいじられたりしながら和気藹々とした雰囲気が形成されることも少なくない。こうなれば、「残虐リーダー型生徒」ももはや教師からも生徒からも問題傾向生徒と認知されること自体がなくなっていく。こうした教師の学級運営は安定し、一部の「⑦自己チュータイプ」や「⑧何を考えているかわからないタイプ」の生徒たちの指導に専念することができる。

しかし、このタイプの教師の数は少ないのが実態である。「コミュニケーション能力」の圧倒的な高さが求められるタイプであり、教師ならずともこのタイプの「コミュニケー

〈図4　現在の学級集団〉

空気の支配力
大
小
学級への影響力
教師の影響力
教師は？
スクールカーストが最上位でないと影響力を行使できない
自己主張力
同調力
共感力
3つの力の総合力
スーパーリーダー
残虐なリーダー
孤高派タイプ
お調子者
人望あるサブリーダー
人望あるサブリーダー
お調子者
お調子者
お調子者
被害リスク 中 いいヤツタイプなど
いじられキャラ
お調子者
お調子者
被害リスク 中
被害リスク 中
いじられキャラ
いじられキャラ
いじられキャラ
被害リスク 中
被害リスク 大 自己チュータイプなど
被害リスク 大
被害リスク 大 何を考えているのかわからないタイプなど

ション能力」をもつ人自体が少ないのである。そもそもが、教師という職業自体がリーダー性の高い、エリート階層が選択する職業ではない。地方の教員養成カレッジや私大の文学部・教育学部の出身者が多いのである。学生時代にまじめにコツコツと勉強したとか、部活動に一生懸命に取り組んでチームワークを生き甲斐にしているとか、そうした者たちが多く就く職業なのだ。高度な「コミュニケーション能力」をもともともっているという人間が教師になることは滅多にないわけである。

このタイプの教師はせいぜい各学校に一人いるかいないか、大規模校でも多くて二人いれば良いほうだ。それも、だれが見ても圧倒的に力量の高い教師として認知されているからすぐにわかるというのが一般である。

2. 学級担任のカースト

学級担任が「スーパーリーダー型教師」ではない場合（もちろん、それがほとんどなのだが）、教師のタイプと学級集団との関係はさまざまなカタチをとって現象することになる。多くの場合、一年間の学級運営は「②残虐リーダー型生徒」との手を替え品を替えてのかけひきの歴史となっていく。そしてそのかけひきを観察している「⑤お調子者タイプ」の生徒たちが、その場の〈空気〉に従ってあるときは担任に付き、またあるときは「残虐リーダー型生徒」に付く。多くの学級がこうして運営されていく。

まず、担任教師が〈自己主張力〉と〈共感力〉とをもっているが、〈同調力〉をもっていない場合、生徒たちでいえば「③孤高派タイプ」と同じ系列にあたる場合である。このタイプの教師は割と多い。大人同士では〈自己主張〉をあまりしないというタイプであっても、教師という仕事上、生徒たちの前ではかなり〈自己主張〉が強いという教師が多いのだ。しかし、生徒たちの現代的なノリの在り方には理解を示さない。そういうタイプの教師である。生徒たちには、自分たちとは違う「教師然」とした教師に映る。「残虐リーダー型」の生徒たちもこうした教師には一目置かざるを得ないから、学級は比較的安定する。特にこうした教師たちが経験を重ね、「残虐リーダー型」の生徒たちに活躍の場を与える手法を覚えると、学級運営はほとんど破綻するということがなくなっていく。

問題なのはその他のタイプの教師だ。〈共感力〉と〈同調力〉はあるが、〈自己主張〉が弱いというタイプの教師の場合、その〈カースト〉は「④人望あるサブリーダー型生徒」

とほぼ同等となる。つまり、その〈カースト〉は「②残虐リーダー型生徒」よりも下になるわけだ。こうなると、「残虐リーダー型」の生徒がいじめやトラブルを起こした場合、この学級担任では止められなくなる。事情を聞こうとしても、いじめの事実を認めないとか、トラブルの責任が自分にはないと嘘をつくとか、そうしたことが起こり始める。

この階層関係を敏感に察知した「お調子者タイプ」の生徒たちも、担任よりも「残虐リーダー型生徒」強しと見るや、一緒になっていじめに同調したり、口裏をあわせて「残虐リーダー型生徒」を守る動きに出たりする。こうした段階になると、もうこの担任教師ではこれらのトラブルを解決できなくなり、学年主任や生徒指導担当教師、場合によっては管理職の応援がなくては学級を運営できない状況に陥っていく。

また、〈共感力〉は大きくもっているけれど、〈自己主張力〉も〈同調力〉も弱いというタイプの教師もいる。イメージ的には、昔よくいた「お母さん先生」のようなタイプがこれにあたる。僕らが子どもの頃、授業は下手くそでいつも僕らに謝ってばかりいて、いつもにこにこしていて優しくて、怒ったり怒鳴ったりしているのを見たことがないという先生がよくいたものである。しかし、それでもかつては、そういう先生がちゃんと子どもたちに好かれていて、「いい先生だなあ……」と思われていたものである。

或いは、若い先生で生徒たちを叱ったり怒ったりはほとんどせず、運動もできなくて決して格好良くないけれど、頼りなさは頼りなさで子どもたちの信望を集め、無難に学級を運営していくタイプの「お兄さん先生」や「お姉さん先生」がよくいたものである。

こうした「お母さん先生」や「お兄さん・お姉さん先生」はいまだってたくさんいる。でも、昔ならなんだかんだと言っても無難に学級を運営していたこうした教師たちが、現在はただ「頼りない」という評価を受けることになる。「いい人ではあるのだが、教師としては頼りない」「動きがトロくてイライラする」といったことになりかねない。もちろん、「残虐リーダー型生徒」が中心となって起こすいじめもトラブルも解決することができない。ときには深刻な状態にまで発展し、学級が崩壊することさえある。かつては「いい先生だなあ……」と思われていたタイプの教師が、現在は学級崩壊リスクの高い教師になっているのである。

更に厄介なのは、〈自己主張〉だけが強くて、〈共感力〉も〈同調力〉ももっていないタイプの教師である。もちろん、教師である以上、〈同調力〉はともかく〈共感力〉をもたない教師などという者は滅多にいるものではない。しかし、あまりにも学校的な正しさを主張し、生徒たちの普段のノリ（現代的な〈同調力〉の対象となるような）をまったく理解せず、そうしたノリにいちいち指導を加えるというタイプの教師が生徒たちから見ると「自己チュー教師」に見えるのだ。

こうした教師は口うるさかったり怖いタイプの教師であることも多いので、年度当初こそ生徒たちは教師の指導に従っているが、数ヶ月が経ってこの教師の口うるささや怒鳴る指導に生徒たちが慣れてしまった頃、少しずつ生徒たちに乗り越えられてしまう。「残虐リーダー型生徒」と「お調子者タイプ生徒」が群れをなして逆らい始め、最後には学級崩壊ということも珍しくない。

最初は怒鳴って生徒たちを圧していた教師が、「あまりにも厳しすぎる」との保護者のクレームを受け、指導の在り方を少し引いてしまった（弱めてしまった）がために、それを契機に一気に学級が崩壊するという事例も多々見られる。

〈スクールカースト〉はこのように、学級担任をも巻き込み、学級運営をさまざまに現象させる基準としても機能するのである。

〈図5　職員室カーストと教室内カーストの相関図〉

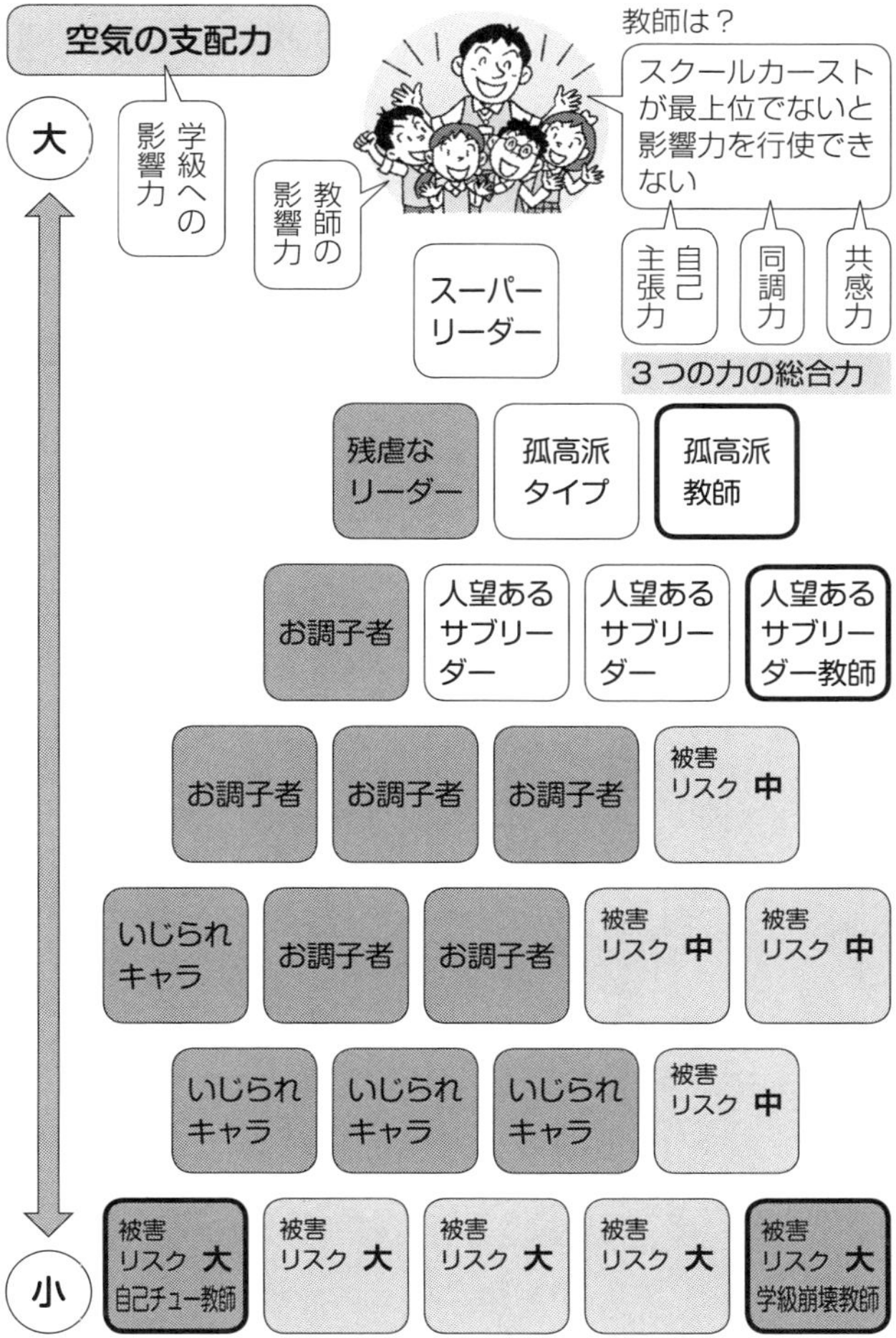

3. 授業に巣くうトラブル

以上の議論をもとに、学校で日常的に起こる小さなトラブルについて、幾つか事例を見ていくことにしよう。

【事例1】

これは授業中によく見られる光景である。

授業中に「⑦自己チュータイプ」が指名されたとしよう。その際の発言において間違った解答をしてしまったとしよう。その生徒に対して、間髪を入れずにバカにする発言や軽く叱責する発言をする生徒が出る。言わずと知れた「②残虐リーダー型生徒」である。それを聞いた周りの生徒たちが大笑いをする。バカにする発言をした生徒としてはツッコミのつもりでしている発言であり、決して悪気はない。笑った周りの生徒たちにしても〈同調力〉を発揮したに過ぎず、これまた悪気がない。しかし、茶化された「自己チュータイプ」の生徒としては、この状況は自分にとってただならぬ場となる。「何言ってんだ」と言い返すことになる。「残虐リーダー型」が更にバカにする。「おまえ、バッカじゃねーか

（笑）」という具合だ。周りの「お調子者」たちは更に大爆笑となる。「自己チュータイプ」は更に怒り出し、授業中にもかかわらず立って行って「残虐リーダー」の胸ぐらをつかむ。教室が騒然となる。

こうなると大問題である。その場は教師が割って入ってカタチだけは収めたとしても、双方に指導を入れ、保護者にも連絡しなければならないトラブルになる。この出来事は間違いなく、ＬＩＮＥをはじめとするＳＮＳによって他学級の生徒たちにもその日のうちに広まっていく。

また、授業中に「⑥いいヤツタイプ」が指名されたとしよう。その際に教師の問いを勘違いしていて、少し的のはずれた発言をしたとしよう。これにも「残虐リーダー型」は間髪を入れずに悪気のない茶々を入れる。周りの「お調子者」たちも〈同調力〉を発揮して大爆笑となる。「いいヤツタイプ」は「いいヤツタイプ」であるが故に反論しない。「お調子者」のなかで「残虐リーダー」に人間関係の近い者が、その的のはずれた発言を更に茶化す。例えば、この「いいヤツタイプ」が国語の授業で人物を答えるべきところで、「公園」と場所を答えてしまった場合だとしたら、ただ「公園！」と大声で言うだけで大爆笑が起こる。テレビのひな壇芸人のやりとりとしてはよく行われるようなことであり、「お調子者タイプ生徒」としても悪気はない。ただこの楽しい雰囲気（＝〈空気〉）を更に盛り上げようとしただけである。

これだけならば、その場は終息していく。しかし、力量の低い教師はこの発言を「他人を傷つける発言だから」と上から圧する場合が多い。生徒たちから「自己チュー型教師」と評価されている教師をはじめ、「コミュニケーション能力」の低いタイプの教師たちはまず間違いなく、この場を力で圧する。しかし、教師がこの場を圧してしまえば、生徒たちから見るとその場の〈空気〉が一気に壊れることになる。教室がシーンとなる。教師は威厳を保とうと圧し続け、何より教師が助けようとした「いいヤツタイプ」までもが「自分が授業の雰囲気を壊してしまった」と責任を感じてしまうことになる。「残虐リーダー」としても「お調子者」たちとしてもおもしろくない。それと同時に、この教師もまた、「コミュニケーション能力」の低い教師として多くの生徒たちによって断罪されることになる。

おそらくは放っておけば生徒たちの記憶からすぐに消えてしまったであろう出来事が、教師が無理に圧したことによって生徒たちの記憶に残ることになり、生徒たちの教師に対する評価も大きく下げてしまうわけだ。その後、この「いいヤツタイプ」の生徒は、周りから「公園くん」などという不名誉なあだ名をつけられる。日常的にいじりの対象になる。LINE上でも毎日「公園くん」と呼ばれるようになり、そのあだ名を使う者たちが集団化していく。これだけでも既に立派ないじめの成立であるが、その後、何か小さな軋轢をきっかけに本格的ないじめに発展していくことも少なくない。

こうした場合、茶化されたのが「自己チュータイプ」でも「いいヤツタイプ」でも、心ないツッコミを入れた「残虐リーダー型生徒」に対して教師が〈同調力〉を発揮して、間髪を入れずにユーモアで返すことができれば教室の〈空気〉は瞬時に安定する。

例えば、「なるほど。石川くんは他人を責められるほどによく理解していると見える。では、石川くん用に先生がとっておきの問題を出してあげよう。」と言って、超難問を出すのだ。もちろん、超難問であるから、それなりに解説する時間が必要となり、生徒たちもそれに注目することになる。教師がその解説を始めた頃には、生徒たちはツッコミを入れられた生徒のことなど既に忘れてしまっている。ツッコミを入れられた本人もその場の悪しき主役からすぐに解放され、傷つくことはない。「残虐リーダー」の石川くん自身も教師からの挑戦状に応えざるを得なくなり、教師の解説に集中せざるを得なくなる。「コミュニケーション能力」の高い教師、力量の高い教師は、こうしていじめ被害者リスクの高い生徒を救いながら、「残虐リーダー」との人間関係をもつくっていくわけだ。

4．行事に巣くうトラブル

学校にはつきものの、行事がトラブルの舞台となることも多い。

【事例2】

今年もいよいよ合唱コンクールが近づいてきた。合唱コンクールでは指揮者をだれにするかがとても大事だ。みんなのやる気を鼓舞しながら学級を一つにまとめ、良い合唱をつくり上げていく中心となる指揮者には自他ともに認めるリーダー性が必要だ。

でも、この学級には「①スーパーリーダー型」の生徒がいるわけではない。だれも指揮者に立候補しない。どんよりした〈空気〉が学級を包み込む。それが何日か続く。数日後、この雰囲気に耐えられなくなった「④人望あるサブリーダー型」の女子生徒米田さんが「私がやります。みんな協力してくださいね」と立候補した。学級担任は少し不安を感じたけれど、本人がやると言った以上任せることにした。こうして合唱コンクールの練習がスタートした。学級の生徒たちも心ならずも立候補したこの女子生徒に協力しながら練習に取り組み始めた。最初は良いスタートを切ったと思われた。

ところが練習三日目から男子のパート練習がゆるみ始める。「⑤お調子者タイプ」の生徒たちの何人かが練習に集中できず、ひそひそ話をし始める。四日目には公然と冗談を言い合う。五日目には練習時間が始まってもなかなか整列しない。休憩後にトイレに行った何人かの男子がなかなか戻って来ないということも見られ始めた。見ると「②残虐リーダー型生徒」を中心にトイレでたむろしている。「お調子者タイプ」の女子生徒たちの何人かも、本来は合唱練習が優先というルールなのに、部活動の着替えを済ませてから練習に集まるようになった。練習がなかなか始まらない。こんな調子だからクラスの合唱はなかなか良くならない。はっきり言ってほとんど進歩がない。

指揮者の米田さんがみんなに「ちゃんと集まってください」とか「練習に集中してください」とか言うのだが、状況はなかなか改善しない。練習開始から八日目くらいになると、「なに真面目なこと言ってんだよ！」「ちゃんとやってるでしょ！」などと米田さんに食ってかかる者まで現れる。それでも米田さんは伴奏者や各合唱パートのリーダーたちと練習を立て直そうと頑張っている。担任の先生にも相談したけれど、担任の指導でも生徒たちの態度はなかなか改善しない。担任は生徒たちからナメられがちな「お兄さん先生」である。

ついに練習十日目の月曜日。米田さんは学校を休んでしまった。先週の精神的な疲れがたまっていたのだろう。日曜日から熱が上がってしまったというのである。学級担任が米田さんに代わって指揮をすることで、少しはマシな練習態度になったけれど、本質的にはなにも変わっていない。結局、米田さんは月・火と休んで水曜日には登校したが、水・木と同じようなストレスが続き、金曜日にはまた欠席してしまった。

担任は金曜日の夜に家庭訪問をして米田さんから話を聴く。「もう、指揮者なんてやる自信がない」と言う。「もう学校に行きたくない」とも言う。事はもはや合唱練習をどう立て直すかというレベルではなくなってしまった……。

さて、この状況をどう分析したら良いだろうか。

指揮者の米田さんはもともと「④人望あるサブリーダー型」の女子生徒だった。彼女は班長としての働きや委員会活動の働きでは地道な取り組みを見せていたものの、本来、〈共感力〉と〈同調力〉はもっているけれど〈自己主張力〉が弱いというタイプだった。それが中心になって学級をまとめなければならない指揮者という立場になって、練習に対する意欲の低い生徒たちに指導的な言動をせざるを得ない状況に追い込まれた。要するに、米田さんの周りとの人間関係づくりは彼女の〈同調力〉を基盤として形成されていたのに、合唱コンクールの練習ではその〈同調力〉を封印せざるを得ない状況に陥ってしまったのである。

おそらく「コミュニケーション能力」の高い、力量の高い学級担任ならば、米田さんが指揮者に選出された時点でこの構造を理解し、米田さんの立場を立てながらも、教師主導で最初から練習のシステムをつくったりゆるみがちな男子生徒に細かく指導したりという手立てを採ったはずである。「人望あるサブリーダー型生徒」に重責を担わせる場合には、なによりも「やって良かった」という成功体験を味わわせることこそがその生徒の成長にとって重要課題となる。こうしたことを理解している学級担任は、練習開始の段階から陰に陽に米田さんをフォローし続けることを怠らない。

そして、ここがとても大切なのだが、学級担任の「コミュニケーション能力」が高く、力量が高かったならば、そもそも米田さんが意に反して指揮者になるということ自体がなかったのである。年度当初から学級の生徒たちを引きつけ、「②残虐リーダー型生徒」とも人間関係を紡いできた教師ならば、合唱コンクールの指揮者をこの「残虐リーダー型」の生徒に担わせ、公式の学校行事で学級をまとめるという経験をさせようとするのだ。あるいは「③孤高派タイプ生徒」に指揮者を担わせて、リーダー生徒に育てていこうとするかもしれない。いずれにしても、米田さんにはパートリーダーあたりの役割を担わせて、少人数をまとめる仕事を与えていたはずなのである。

こういう布陣を敷いていれば、合唱コンクールの練習は混乱なく機能したはずである。もしも米田さんを指揮者にすることがあるとすれば、これまでの米田さんの地道な働きが担任からも周りからも高く評価され、他ならぬ米田さん自身の成長のために合唱コンクール指揮者という重責を経験することが大いにプラスになると判断されたときだ。その場合には、そもそもが米田さんに大きな経験をさせようとする意図が担任にあるわけだから、当然担任が毎日米田さんをフォローし続けることになる。

学校行事トラブルというよく見られる事象も、〈スクールカースト〉を分析基準とすればこのように見えてくるわけだ。

5. スクールカーストと暴力トラブル

〈スクールカースト〉は、ときに大人には理解できないような暴力をも生む。

【事例3】

とある中学校のこと。二年生である。平穏な一日。行事が近いわけでもないし、定期テストが近いわけでもない。各学級ではいつものように淡々と授業が行われ、休み時間には生徒たちが蜘蛛の子のようにあちらこちらに散っている。そんなありきたりの一日のことである。

五時間目が終わっての十分休み。教師が廊下のベンチに座って生徒たちと談笑していると、怒鳴り声が聞こえてきた。見ると、向こう側の廊下が騒然となっている。なにを言っているかまでは聞き取れないのだが、とにかくなにやら激しい怒鳴り声が聞こえる。

教師が急いで駆けつける。すると、廊下の壁にもたれて座り込んだ高橋くんが涙を流している。左の頬に手をあてている。高橋くんは一心に一点を見つめている。その視線の先を追ってみると、人だかりのなかに、周りの生徒たちに後ろから羽交いで押さえつけられた友利真一くんが興奮した様子で高橋くんを睨みつけている。

……どうやら、暴力事件があったようだ。

すぐに高橋くんに「立てるかい?」と問いかけ、本人が立てるというので近くのしっかりめの生徒に言付けて保健室に連れて行かせる。友利くんからは事情を聞こうと教育相談室に連れて行く。彼は教師が何度も椅子に腰掛けるよう促しても、なかなか座ろうとしない。それどころか相談室の壁を拳で殴ったり、椅子を蹴飛ばしさえする。興奮状態がなかなかおさまらない。その粗暴な素振りには教師でさえ恐怖感を覚える。

それでも、数分後、バタンという大きな音とともに椅子を机から引っ張り出した友利くんが、椅子に浅く腰掛けた。両手はポケットに入れられ、背もたれにだらしなくもたれる。その姿はテレビドラマで見たことのある粗暴な容疑者を彷彿させる。

教師は「どうして殴ったの？」と訊いてみるが、友利くんは「高橋が悪い！」「あいつが生意気だ！」を繰り返すばかり。保健室の養護教諭から聞いたのだろう。途中からは生徒指導の先生も相談室にやってきた。生徒指導の先生が「真一、まずは落ち着くまで待ってやる」と言って、しばし沈黙が続く。五分ほど経って、少し落ち着いたのか、友利くんがぽつりぽつりと語り始めた。結局、事情を聞くのに六時間目の一時間すべてを費やしてしまった。

事情を聞くと、次のようなことが起こったのだとわかった。

十分休み、友利くんがいつものように仲間たちと廊下に集まって談笑していると、おっかけっこをして逃げていた高橋くんがぶつかってきた。高橋くんは「あっ、ごめん」と言って一応謝罪したが、まだおっかけっこを続けようとして走っていこうとする。友利くんは一瞬でカッとなり、高橋くんの首根っこをつかんで引き摺り戻す。高橋くんの「なんだよ！ちゃんと謝ったじゃないか！」という言葉に更にカッとし、友利くんが右手の拳で高橋くんの左頬を一発殴ったというのである。周りの生徒たちが「やめろ！」と友利くんを羽交い締めにし、それ以上の暴力はなかったと言う。みんなに止められていなかったらもっと続けていただろうとも言う。友利くんの言葉をそのまま言うなら「もっとボコってた…」とのことだ。そこに教師が駆けつけたとのことだった。

なんと、事情を聞いたところによると、この暴力事件は、高橋くんの謝罪の態度が軽かったというだけのことで起こったわけである。

中学校や高校ではしばしばこういう暴力事件が起こることがある。これも〈スクールカースト〉を基準に分析してみると理解されてくる。

まず第一の問題は、高橋くんに暴力を振るった友利くんが、なぜこんなにも瞬間的にカッとしてしまったのかという点にある。こんなに簡単に暴力を振るうほどにカッとしてしまう人間を野放しにはできない、そう感じる読者も多いと思う。でも、友利くんもだれにでもカッとするわけではない。相手が高橋くんでなければ、こんなに簡単に暴力にまでは至らなかったのだ。

既にここまでお読みになった読者にはおわかりのことと思うが、友利くんは「②残虐リーダー型」の生徒である。そしてこれは中学校教師ならだれもがわかることだけれど、中学二年生で休み時間におっかけっこをするというような生徒たちは、その多くが「⑦自己チュータイプ生徒」か「⑧何を考えているかわからないタイプ生徒」かのいずれかである。要するに、幼いタイプの生徒たちだ。

友利くんから見ると、高橋くんは自分よりも〈カースト〉がはるかに下である。しかし、高橋くんが「自己チュー」「何を考えているかわからない」いずれのタイプだったとしても、その幼さ、人間関係の察知能力の低さ故に高橋くんはそんな階層意識はまるっきりもっていない。こうした関係において、友利くんからすればぶつかられたことは仕方ないとして、謝罪においてはかしこまるべき人間関係なのにその謝罪が軽かった、要するにタメ口であったことがここまで沸騰させたのである。もしも同じようなことが、ふだんから交流のある「⑤お調子者タイプ」の生徒に見られたとしても、友利くんは笑って済ませたに違いないのだ。

もちろん、だからと言って友利くんの行為が許されるわけではない。高橋くんの側から見れば、不条理このうえない出来事である。しかし、教師はこうした構造を理解している必要がある。その後の指導の在り方が変わるからだ。

6. 教師による対応ミス

第二の問題は、この教師の対応にある。

この教師は高橋くんにしっかりした生徒をつけて保健室に行かせた。その後、友利くんを相談室に連れて行き、事情を聞こうとした。しかし、結局一人では友利くんを落ち着かせることすらできず、友利くんを落ち着かせ事情を聞くことができたのはあくまで途中からやってきた生徒指導担当の教師である。おそらくこの第一発見者の教師は友利くんから見れば「②残虐リーダー型生徒」以下の〈カースト〉の教師なのである。だからいつまで経っても一人では友利くんを落ち着かせることすらできなかったのだ。

これに対して、生徒指導担当教師は友利くんも信頼を置く、自分よりも〈カースト〉の高い教師なのだ。だから友利くんも落ち着いたのだといえる。

指導の在り方も、第一発見者の教師は「とにかく座れ」と何度も言ったにもかかわらず、椅子に座らせることもなかなかできない。しかも、教育相談室に行ってまで壁を殴ったり椅子を蹴ったりという行動に出られてしまう始末である。なのに生徒指導担当教師はまずは「落ち着くまで待つ」という姿勢を示し、友利くんの五分程度の沈黙にも黙って待つ姿勢を示した。この五分間で友利くんは自分のしたことの重大さを内省し、今後どのようなことになっていくのかを想像し、とにかくこの場はこの生徒指導担当教師に任せるしかないのだという結論に達したはずである。生徒指導担当教師の側もそうなることがわかっていたからこそ、「まず落ち着け」と待ちの姿勢を示したのだろう。

教師の「コミュニケーション能力」とはこうした違いに最も顕れるのだ。友利くんが第一発見者の教師の〈カースト〉を低く見、生徒指導担当教師の〈カースト〉を高く見るのも、決して故なきことではないのである。おそらくはこれまでもコミュニケーションにおいてこうした微妙な違いがたくさんあったのだろう。そうした経緯の結果として、この教育相談室でのやりとりも起こっているのである。

そして第三の問題は、この第一発見者の教師が、生徒から見て自らの〈スクールカースト〉が低いことに気づいていないという点である。

この教師は友利くんの指導を一人でしようとした。生徒指導担当教師が来たのは、おそらく養護教諭から出来事を聞き、この教師一人の指導ではうまくいかない、この教師一人には任せておけない、そう判断したからである。この第一発見者の教師は自分が周りの教師たちからそう評価されていることにもおそらく気づいていない。

この教師は暴力事件があったことを認知したとき、まず高橋くんを保健室に行かせた。そして興奮状態にある友利くんを教育相談室に連れて行った。読者のみなさんはこの判断を間違っていないと思うかもしれない。しかし、もしもこの高橋くんが「⑦自己チュータイプ生徒」で、教師が来たことにこれ幸いと強気に出て、「覚えてろよ！いつか仕返ししてやるからな！」とでも言ったら、いったいどうなっていただろうか。おそらくは友利くんは周りの制止を振り切って、この教師では止められないほどの粗暴な行為に出たに違いない。こうした可能性の予測がこの教師にはない。

実はこの教師が自分の〈カースト〉の低さ、生徒たちにどういう教師像で捉えられているかに意識的であったとしたら、周りの生徒たちを伝令にして「だれでもいいから先生をたくさん呼んできてくれ」と言うはずなのだ。こんなことはものの数秒、教師が高橋くんのもとへ歩いて行く数秒の間にできることなのである。なのにこの教師はそれをしていない。このことは教師の動きとしてはとてもまずい。

また、友利くんが再び暴れ出したときのために、周りにいる生徒たちを遠ざけることも必要だ。もちろん、現実的に友利くんを羽交い締めにして制止している生徒たちまで避難させるわけにはいかないが、関係していない生徒たちはすぐに遠ざけて何かあっても被害が及ばないように配慮すべきなのだ。

「(高橋くんに近づきながら/緊急事態なので有無を言わせぬ口調で)はいはい。関係ない生徒は教室に入れ〜。山下、浅野、松森、だれでもいいから先生たくさん呼んできてくれ。会う先生会う先生に声かけろ。とにかくたくさんだ。(高橋くんに向かって優しい口調で)立てるか?」

第一発見者の教師がすべきことはこうした対応だった。しかも、高橋くんに声をかけるときには既に、友利くんと高橋くんの間に自分が位置を取り、なにかあっても二人が直接的に接触することがないようにとまで配慮しなくてはならない。ほんとうならば、高橋くんには生徒を付き添わせるのではなく、教師が一人か二人駆けつけるのを待って教師に付き添わせるべきでもあるだろう。もしかしたら、友利くんに殴られたはずみに高橋くんが廊下の壁に後頭部を打ち付けた可能性だってある。こうした可能性にも配慮せねばならなかったはずだ。こうしたことが生徒指導の基本的なスキルなのである。

〈スクールカースト〉はこれほどまでに現場の教師にとって無視できない構造になっているのだ。おそらくは、この後の指導場面においても、〈スクールカースト〉の構造に配慮した指導が行われなければならない。少なくとも〈スクールカースト〉に配慮した指導を施したほうが友利くんも納得しやすいことは確かだ。

この事案は暴力を伴っている。高橋くんの意向、高橋くんの保護者の意向にもよるけれど、一般的には友利くんとその保護者が高橋家を訪問して謝罪するということになる。その際、友利くんが少しでも「高橋くんも悪い」とか「高橋くんが生意気だから起こった」とかいうニュアンスのことを言えば、事態は深刻化する。あるいは謝罪の姿勢に誠意が見られないとの印象を高橋家に少しでも与えれば、それも事態は紛糾しかねない。ということは加害者の友利くん自身がちゃんと納得したうえで謝罪に行くということが必要なわけである。要するに、友利くんを教師が「オトす」必要があるわけだ。

ただ単に「暴力はいけない」とか「いきなり暴力を振るうなんてとんでもない」とか「人間はみな平等だ」とか言っても、友利くんにはオチない。例えば、普段は仲の良い上級生にぶつかって自分は謝ったつもりなのに殴られた、そんなとき、お前は「はいそうですか」と納得できるか？　或いは、同じような場面で、謝罪に誠意が足りないから土下座しろと言われたとしたら、自分が悪かったんだから仕方ないと思えるか？　というように、〈カースト〉関係の近い具体例を挙げながら指導していかなければ通じないだろう。「友利－高橋」という具体的な関係のみで指導しているうちは、どうしても限界がある。なかなか友利くんには指導がオチないのだ。〈スクールカースト〉とはそれほどに生徒たちのなかに溶け込んだ、人間関係を測る前提として機能しているのである。

第三章

スクールカーストと現代型いじめ対応

1. 女子生徒の小グループ内いじめ

前章では事例を三つ挙げてきた。どれも〈スクールカースト〉を基準に分析してみると、そのトラブルの構造が顕在化してくる。しかし、これらの事例は教師の力量の如何によってその解決が成功したり失敗したりはするものの、どれも教師の側からトラブルが見える事例である。また、【事例1】は集団によるいじりの延長、【事例2】は学校行事を契機とした不登校傾向、【事例3】は一方的な暴力行為と、起こった出来事もその要因も比較的はっきりしている。こうしたトラブルであれば学校側も解決のしようがある。だが、生徒たちの昨今の人間関係トラブルはこうした「見えるトラブル」ばかりではない。教師が気づいたときには既に深刻な状況に陥っているということが多々見られる。

【事例4】

ある日の朝のことである。松尾さんの保護者から担任に電話がかかってきた。「娘が学校に行きたくないと言っているのですが、学校でなにかあったんでしょうか……」とのことである。担任教師に思い当たることはない。そういえば、ここ二、三日、仲の良かった女の子グループから離れて休み時間に一人で席に座って本を読んでいるのを何度か見かけたな。担任が思い浮かぶのはその程度である。

「わかりました。今日は休ませてください。放課後に家庭訪問に伺おうと思いますが、よろしいですか？」

保護者も「はい、お願いします」ということなので、担任教師は少し早めに仕事を終わらせて家庭訪問に赴いた。

松尾さんはしばらく黙っていたが、時間が経つとぽつりぽつり話し始めた。一週間ほど前から仲の良かった四人グループから自分だけがはずされているというのである。ＬＩＮＥは他の三人全員からブロックされている。学級のＬＩＮＥグループでは一応つながっているけれど、自分の発言に対して三人は一切反応してこない。学校で話しかけようと三人に近づいていくと、ササッと目配せをして逃げていく。授業中にも三人が自分の方を見ているような気がして、それに気づいた自分が視線を向けるとサッと目線をはずされる。そんな日が既に一週間近くも続いているのだと言う。

「なにか思い当たる原因はあるの？三人とこういう理由で喧嘩をしたとか、悪口や批判的なことを言って三人を怒らせてしまったとか……」

担任は訊いてみるけれど、本人は直接的な原因になるような思い当たるものはないと言う。「でも、自分がわからないだけで、きっと何かあったんだろう」とも言う。更には、「きっと自分が悪いのだ」とも言う。担任は考え込んでしまった。

松尾さんは「他の三人には言わないで欲しい」と担任に訴える。でも、担任はそうもいかないと考え、「悪いようにはしないから、先生に任せてくれないだろうか」と本人を説得する。他の三人も話のわからない生徒たちではない。いま松尾さんが陥っている状況を説明すれば、それはまずいな……ということになって、再び元の鞘におさまるのではないか、そう考える。保護者にも了解を取り、明日、三人に事情を聞いて、場合によっては指導もして、また明日連絡するということで話がついた。

松尾家を辞すとき、本人が浮かない顔をしているのが妙に気になった。

次の朝。担任は三人を呼び、なぜ、松尾さんを仲間はずれにするのかと訊いた。三人は目配せをしながらも黙っている。担任は「松尾さんが学校に来たくないと言っている以上、場合によってはいじめとも捉えられかねない。以前のように、また四人で仲良く過ごしてはどうか」と言った。話のわからない子たちではないから、これで解決すると甘く見ていた。しかし、ここから話は複雑になっていく。

三人が言うには、自分たちだって松尾さんにいじめられたことがある。先生に言わなかっただけだ。松尾さんだけが被害者で、自分たちが一方的に加害者にされるのは納得がいかない。自分だけ先生に訴え出て被害者面する松尾さんが許せない。要するにこういう話である。担任はそれがいつ頃のことなのか、なにが原因だったのかと事情を聞くけれど、彼女たちは「もう覚えていない」「直接的な原因は忘れてしまった」と言うばかりである。これでは松尾さんと同じだ。

担任は困ってしまった。取り敢えず、夕方に連絡すると言ったので、松尾家に電話をした。松尾さんは電話に出たくないと言っているようで、保護者とのやりとりになる。もちろん、三人が自分たちも松尾さんにいじめられたことがあると言っているが本当かと尋ねて欲しいということにもなる。これを聞いた松尾さんは、電話の向こうで大声を上げているようだ。

「だから先生になんて言いたくなかった！」

「もう二度と学校には行けない！」

そんな声が聞こえてくる。「とにかく、これからすぐにお伺いします」と言ってみるけれど、保護者も、「落ち着くまではそうもいかない。今日は自分が話をしてみる」と言う。松尾さんに直接話を聞くのは明日以降に持ち越しになってしまった。

学級担任は思う。自分にはよくわからないけれど、自分はなにかまずいことをしてしまったようだ。四人の関係を壊してしまうような、なにかまずいことを……。

2．衝突や軋轢の回避

もしもこの四人のうちの一人が〈②残虐リーダー型〉の女子生徒で、その生徒が他の二人を従えて明確にリーダーシップを取って松尾さんをいじめているのなら、それは学級担任のこのやり方でも良い。しかし、実はそういう場合なら、松尾さんが三人からはずされた時点で学級担任は気づくはずだし、家庭訪問したときに松尾さんも直接的な要因を言えたはずなのである。松尾さんが直接的な原因を言わず、「自分が悪い」と言った時点で、担任はもっと慎重に事を運ばなければならなかったのだ。

おそらくこの事例は、四人が四人ともに〈⑤お調子者タイプ〉の女子生徒たちであり、この四人には明確な上下関係がもともとなかったのである。そうした関係においては、四人が常にフラットな関係を維持し続けることこそが四人の最重要課題となる。それがこの学級担任にはわかっていない。学級担任は松尾さんが不登校傾向を示したので、これをいじめが原因ではないかと予測し、被害‐加害関係で整理しようとした。このことが四人のフラット関係維持の構図を破壊してしまったのである。

土井隆義が「今日の若者たちの人間関係の特徴に迫るためには、いじめが始まる契機となった個別の事情を探ることよりも、その集団的な行為が継続的に展開されていくダイナミックな過程を探ることのほうが有意義だ」と述べている（『友だち地獄――「空気を読む」世代のサバイバル』ちくま新書・二〇〇八年三月）。現代のいじめの顕著な特徴として、いじめ被害者が特定の生徒ではないということがよく言われる。男女を問わず、小グループ内において、Aがはずされていたと思ったら次はB、Bがはずされていると思っていたら次はCというように、いじめ被害者がころころと移り変わるのだ。しかも、A・B・C・Dの小グループにおいてAがいじめ被害に遭っているとき加害側にまわっていた

Bが、今度はAを含む三人からいじめ被害に遭う。その後、Cが被害側にまわったときには、AもBも加害側にまわる。要するに、いじめの加害・被害の立場がごく簡単に入れ替わるわけである。

これが、Dという〈残虐リーダー型生徒〉が中心となって、他の三人からターゲットを一人に絞って入れ替わり立ち替わりいじめているという場合ならわかりやすい。もちろんそうした構造のいじめもないわけではない。しかし、むしろ現代的ないじめに特徴的なのは、A・B・C・Dのだれもがいつ被害者になるかわからない、しかも一度被害側にまわった経験をもつ生徒でさえ次のいじめでは加害側にまわる、こうした現象である。要するにいじめの加害・被害が固定的ではなく、流動性が見られる事案が多いのだ。土井隆義はこれを「人間関係の重さを軽くするためのテクニックとして生まれたもの」とし、いじめ被害に遭うリスクの明確な基準は存在しないと分析した。

つまりこういうことだ。

現代の若者は仲の良い友達集団において、衝突を回避しフラットな関係を維持するためにさまざまなテクニックを駆使している。その一つは「とりあえず」「～ていうか」「～かも」「〜っぽい」「〜的」「〜みたい」といった〈ぼかし表現〉であり、また、「かわいい」「ヤバい」「ウザッ」「なにげに」といった語の〈もともとの意味の拡張〉であり、更には「〜みたいな?」「〜って感じ?」「〜っていうか?」といった文末の〈半クエスチョン〉である。電車で高校生や大学生の会話を聞いていると、「とりあえず〜するかみたいな?」「自分的には〜っぽいんだけどなあ」「っていうか、〜じゃね?」といった表現の嵐だ。しかも、男子大学生が「これ、ヤバい……」としたり顔で感動を表したり、女子高生三人が「かわいい!」だけで会話していたりということもよく見られる。これらは自分が断定的に判断せず、私はあなたの感受性に配慮していますよという態度の顕れである。要するに、衝突を回避するために対立の芽をあらかじめ摘んでおき、フラットな関係を維持しようとする配慮なのだ。相手がなにかをカミングアウトしたときにそれを肯定も否定もせず、「そうなんだあ……」と引き取るだけのリアクションにも同じ機能がある。

しかし、いくらコミュニケーションとしてこのような言葉遣いをしていたとしても、これだけですべての衝突を回避することは不可能である。些細なことをきっかけとしてどうしても対立は起こる。しかし、フラット関係の維持のためにはそうした対立が起こっては困る。そこで衝突や対立を回避するために、互いの関心の焦点を自分たちの関係それ自体からズラしたり逸らしたりという手法が生まれた。それが現代的ないじめとして現象しているというわけである。

3. フラット関係といじめ

こうした、自分の判断を明確にすることによって相手を傷つけかねない可能性を最初から排除してしまう若者たちの在り様を、精神科医の大平健は「やさしさ」と呼んだ(『やさしさの精神病理』岩波新書・一九九五年九月)。また、社会学者の森真一はこうした「やさしさ社会」がかえって他人の無配慮に対するヒステリックな批判を誘発する危険性を指摘した(『ほんとはこわい「やさしさ社会」』ちくまプリマー新書・二〇〇八年一月)。土井隆義は前者の議論を受け、また後者の議論と呼応する形で、現代的ないじめが、被害者を入れ替える流動性(だれもがいじめ被害者になり得る)をもちながらも、常に継続的に展開されていく(常にだれかがターゲットになっていじめ自体はなくならない)メカニズムを次のように説明した。

常に自分の対人レーダーを敏感に作動させながら人間関係を営まなければならない現代の若者にとって、周囲の人と多少でも衝突することは「異常事態」である。相手から反感を買わないように常に心がけることが、学校という閉鎖空間で日々を生き抜いていくための最も大切な知恵として強く要求されている。そうしたなかで、〈ぼかし言葉〉や〈半クエスチョン〉といったコミュニケーションという消極的なテクニックではなく、もっと対立点を積極的にぼかし、互いの関心の焦点を自分たちの関係それ自体からズラしたり逸らしたりするために、「互いのまなざしをいじめの被害者へと集中させ、自分たちの関係から目を逸らせてしまうことで、『優しい関係』に孕まれる対立点の表面化を避けようとするテクニック」が生まれた。それが現代型のいじめであると。換言すれば、「対立の火種を抑え込もうとして躍起になって重くなってしまった人間関係に、いわば風穴を開けるためのテクニックの一つ」としていじめがあるのだと（前出『友だち地獄』）。

先の【事例４】もおそらくこのパターンによって起こった現象と考えられる。

松尾さんは現在、確かに「いじめられている」と言って良い状態にある。しかし、いま松尾さんを仲間はずれにしてＬＩＮＥをブロックまでしている三人にも、おそらくは同じような被害を受けたことが過去にあったのだろう。そしてその三件のそれぞれにおいて、松尾さんは常に多数派として加害者側にまわっていた経緯があったのだろう。それが三人が口を揃えて言う「自分たちだって松尾さんにいじめられたことがある」という言葉の所以なのである。

しかし、ここで重要なのは、三人それぞれに対するいじめ事案が過去にあったとして、学級担任がそれを知らなかったという事実である。つまり、過去の三件は学校側に発覚していないのだ。とすれば、今回、担任が「放っておくわけにはいかない」と松尾家を強引に説得して三人に事情を聞いたことは、今回の加害者三人にしてみれば松尾さんの重大な裏切りになる。三人にしてみれば、過去に自分が同じような状態に陥ったときにはそのような仕打ちに自分一人で耐えた。その辛さははっきりと覚えている。でも、松尾さんは同じ状態に陥ったときに、教師に頼った。つまり、権力を使った。それは汚い。フェアじゃない。三人が言っているのはこういう論理なのである。

松尾さん自身にもこの構造が理解されていたからこそ、何度も「他の三人には言わないで欲しい」と繰り返したのであり、「だから先生になんて言いたくなかった！」と泣き叫んだのだ。松尾さんにしてみれば、今回の件を教師に訴えることが三人への裏切りになることは理解されていた。これまでの経緯から言って、自分がグループには戻れなくなる決定的な出来事になるであろうことが理解されていた。だからこそ、「もう二度と学校には行けない！」という言葉まで出るわけである。

4. スクールカーストと全体性の希薄化

宮台真司が〈島宇宙化〉という言葉を用いて、若者の小集団化とそれぞれの小集団間の行き来の無効を指摘したのは一九九〇年代の半ばである（『制服少女たちの選択』講談社・一九九四年一一月）。現在はこの〈島宇宙化〉の特徴が生徒たちの間で更に顕著となっている。松尾さんがこれまで付き合ってきた三人との関係に行き詰まったのならば、一般の大人も教師も別の友達をつくれば良いじゃないかと考えがちだ。しかし、これは松尾さんにとって二つの観点から不可能なのである。

一つは〈集団感覚の希薄化〉とでもいうべき事態である。

昨今の学校では、学級がまとまって一つのものを創り上げるタイプの行事が成立しづらくなっている。例えば中学校でいえば、合唱コンクールといった行事や学校祭・文化祭の演劇発表といった行事、いわゆる学校教育で「特別活動」と言われる行事だ。また、かつては学級の象徴として機能していた、学級会で学級の問題点を話し合うとか、学級で班を中心に生活を向上していくとかいった活動も成立しにくくなっている。

これは生徒たちが各小グループのなかで摩擦を回避し、フラットな関係を維持するためにテクニックを駆使する日常を過ごしているため、常に対人エネルギーを使い果たしてしまい、学級という中間集団が風景のように遠退いている現象である。ちょうど、街なかに座り込む若者たちが自分たちのコミュニケーションに夢中になって通行人の迷惑を顧みないとか、都市の家族たちが自分たちの生活だけに目を向けて町内会活動や地方自治体の選挙に無関心になっているのと構造的に同じである。これが学級内部でも起こっているのだと考えればわかりやすい。

一九七〇年代の高度経済成長の完成とともに〈ポストモダン〉の時代がやって来たとはよく言われるが、〈ポストモダン〉とはごくごく簡単に言えば、自分たちを束縛する政治権力や経済動向といったものが、自分たちの生活に直結したリアリティのあるものとは感じられなくなることを意味する。つまり、これを僕ら日常生活の卑近なレベルで考えるならば、かつての「人に迷惑をかけてはいけない」とか「同じ町内に住む者たちは持ちつ持たれつで」とかいった志向性がリアリティをもたなくなることが〈ポストモダン〉の顕著な特徴といえるわけである。街なかに座り込む若者たちや町内会活動に無関心な成人たちは〈ポストモダン〉社会の申し子とも言えるわけだ。

それから三十年が経ち、それがこの社会の隅々にまで浸透し、その時代の風を一身に浴びた子どもたちが登場することによって、学校教育もまた学級とか学校とかいった〈全体性〉を失っているのだ。これが〈集団感覚の希薄化〉の問題である。東西冷戦構造という全体性を失った社会が、各々の国益、各々の民族的な思想を主張し始め、かつてと比べて外交が複雑になったり、テロが頻繁に起こったりという状況になったのと、学級集団も相似形をなしていると考えればわかりやすいかもしれない。社会や集団が全体性を失えば、身近な者たちとの小さなコミュニティにしかリアリティを感じられなくなる。それが高じれば、内向きには摩擦や対立、軋轢を回避することを志向し、外向きには自分とは関係のないものとして無関心になっていく、この構造に陥っているのは決して若者たち、子どももたちばかりではないはずである。

二つ目は、やはり〈スクールカースト〉の問題である。

松尾さんがこの三人との関係を断ち切り、他の小グループに移ろうとしたとしよう。その場合、〈①スーパーリーダー型生徒〉を中心とする小グループや〈②残虐リーダー型生徒〉を中心とする小グループなど、自分よりステイタスの高い小集団に移ることは考えにくい。そこに自分が加えてもらえたとしても、自分はその小集団で明らかに最下層の人間として扱われ、フラットな人間関係を構築することができない。

また、これまでのグループよりもステイタスの低いグループに移ることは、松尾さんにとってもっとあり得ないことである。それは自分よりも階層が下の、〈⑦自己チュータイプ生徒〉や〈⑧何を考えているかわからないタイプ生徒〉の小グループに加わることを意味する。それはこれまで自分より下と見ていた生徒たちと行動をともにすることを意味するわけであり、自分の階層も下がることを意味する。それでは自分のプライドが維持できないし、〈残虐リーダー型〉の生徒たちに目をつけられ、人間関係の危機に陥る可能性も増えるわけだ。

唯一、学級集団のなかに〈⑤お調子者タイプ生徒〉の小グループが複数ある場合、別の同じ階層の小グループに平行移動することが可能だが、これらの小グループも階層は同じとはいえ、志向性が異なる場合が多い。同じ階層の小グループでもスポーツに親和性をもつグループもあれば、オタク文化に親和性をもつグループもある。女の子であれば、ジャニオタ（ジャニーズオタク）を中心とするグループもあれば、ピンク系（恋愛や性に親和性をもつ）グループもある。要するに趣味が合わないわけだ。

こうした現実があるからこそ、松尾さんもこの三人と長く小グループを構成してきたのであり、また、その内部では摩擦を回避するための涙ぐましい努力をしてまでその三人と付き合い続けてきたのである。

〈全体性の希薄化〉と〈スクールカースト〉は、このように学級集団内部での人間関係の流動性を阻害するのだ。小グループから心ならずも離脱した生徒が不登校になる事例が多々見られ、ときには自殺してしまう事例が見られることさえあるが、これらは生徒たちにとって、大人たちが考えるよりもはるかに深刻な問題なのである。

5. スクールカーストとインターネット

現代の生徒たちの〈島宇宙化〉の深刻さを考えるうえで、土井隆義は先に紹介した『友だち地獄』で「『優しい関係』を取り結ぶ人びとは、自分の身近にいる他人の言動に対して、つねに敏感でなければならない。そのため『優しい関係』は、親密な人間関係が成立する範囲を狭め、他の人間関係への乗り換えも困難にさせる」と説明している。狭い人間関係を維持するために常に対人エネルギーを集中させて使い果たしてしまうために、その関係を維持することだけで疲れ切ってしまい、対人エネルギーを外部の関係にまで向ける余力がなくなっているというわけだ。こうした「風通しの悪くなった狭い世界」で煮詰まってしまった生徒たちにとって、ひとたび互いの対立点が表沙汰になるとそれが取り返しのつかない決定的なダメージとして認識される。「いま、このグループでうまくいかないと、自分はもう終わりだ」と思うほどに、いま所属している狭い小グループを絶対視してしまい、自分の現在の立ち位置を相対化する視座をもてない。

僕はかつて一学年全7学級の学年主任を務めた際、初めて担任をもつ教師が二名、二度目の担任が二名という状況で学年主任を務めたことがある。7学級の担任のうち極端に経験の浅い教師が四名である。この四人を常に視野に入れながら、時には厳しく指導し、時には相談に乗ったりフォローしたりしながら一年間を過ごした。この一年間、僕は学年主任という立場にありながら、他学年の教師や学校全体がスムーズに運営されるようにといった巨視的な視点を抱きにくい状態で過ごすことになった。いま考えると、自分の足許にあまりにも対人エネルギーを費やしてしまい、学校全体のことを考える余力をもてないほどに疲れ切ってしまっていたのだろうと思う。

いい年をした大人でもこうなるのだ。対人エネルギーにはその総和に限界がある。自分の所属する小グループ、狭い範囲の人間関係に著しい対人エネルギーを費やさねばならないとしたら、外部の人間関係に配慮を欠いたり、外部の人間関係がもはや〈風景〉としてしか認識されない状態になってしまったりということはあり得ることである。ましてや、それだけのエネルギーを費やして維持しようとした関係において対立点が顕在化し、自分だけがはずされたとしたらそれが決定的なダメージと認識されてもおかしくはない。

もう一つ例を挙げよう。

僕が中学一年生のときのことである。Aくんというクラスメイトがいた。彼は学級で明らかに浮いていた。いじめられていたというほどではないにしても、みんなからいじられていた。今風に言えば、「ウザがられていた」のであり、その要因は彼の「KYさ」にあった。

Aくんはかつての「スター誕生!」(スター発掘番組)出身のIというB級アイドルのファンだったのだが、彼は入学するなり、「Iって可愛いよね」「Iって可愛いと思わない?」とクラスの男子全員に言って回ったのだ。もちろん悪気はない。彼はただただIというアイドルが好きで好きでたまらなかっただけなのだ。しかし、周りの生徒たちにしてみれば、それほど売れているわけでもないIというアイドルなんぞに興味はない。僕は一九六六年生まれであるから、中学一年生というと一九七九年である。時代は石野真子・榊原郁恵・大場久美子の時代である。Aくんはそうした一般的なアイドル人気の動向を理解せず、「Iは可愛い」という同意をクラスメイトから取りつけたい一心で周りに声を掛けたのだろう。それが入学間もない、まだ人間関係もできていない学級集団においては、ただただ「KY」として認知され、「ウザがられる」結果となったわけだ。

しかし、ここで読者のみなさんに考えていただきたいことがある。Aくんは一九七九年の中学生だったからこそ、アイドルＩへの思いを周りのクラスメイトの同意を取りつけることで昇華せざるを得なかった。周りにＩのファンが一人もいなかったことがＡくんを「ＫＹ」にし、「ウザい存在」にしたのだ。でも、これが現在だったらどうだろうか。間違いなくＡくんはインターネット上でＩというアイドルのファンサイトにアクセスし、掲示板・チャット・ＭＬ・ＳＮＳなどを通して毎晩のように全国のコアなＩファンと濃密なコミュニティをつくることができたのではないだろうか。そうした状況にあれば、クラスメイトの同意を取りつけて自らのＩへの思いを昇華しようなどとはしなくて済んだのではないだろうか。

つまり、僕が言いたいのはこういうことだ。二〇〇〇年前後から大きく普及したネット社会は、人々に自分の趣味・嗜好について周りのリアルな人間関係でコミュニケーションを取る必要をなくさせた。趣味・嗜好の思いを昇華する場を得るのに、なかなか理解してもらえずに「我慢する」とか、同じ趣味・嗜好をもつ人間を見つけるために「努力する」とかいった必要性を無効化した。趣味・嗜好を同じくする仲間を見つけることに社会が努力を強いなくなったわけだ。しかし、こうした趣味・嗜好を同じくする仲間を見つけることは簡単になったものの、ひとたびそのコミュニティに入るとそこでのやりとりにはかなり気を遣わなければならない。「自分はＩの甲という曲よりも乙という曲が好きだ」とでも発言しようものなら、乙よりも甲が好きだという参加者から反論される、そのコミュニティの運営者からは「みんなＩさんのファンで好きな曲も人それぞれなのだから、曲に順位づけをするような発言は控えて欲しい」と指摘される。そして参加者は発言が自由でないことを学び、他の参加者からは「かつてＩさんの曲に順位づけを施そうとした人」として認知され、コミュニケーションが取りづらくなる。そういうことが頻繁に起こる。しかし自分が愛するＩというアイドルのファンコミュニティは他にはない。多少の面倒くささはあっても、ここで得られる情報を手放すわけにはいかない。こうして参加者はある種の違和感を抱きながらも、このコミュニティに参加し続けることになる。

昨今、ツイッターやフェイスブック、ＬＩＮＥといったＳＮＳにおいて、お互いを気遣う発言やお互いを肯定する発言以外は一切見られないという現象がある。これらは本気で心配し合ったり褒め合ったり肯定し合ったりしているのではない。コミュニティ維持のために、対立点が顕在化することを避けるために、「基本的には承認する」という表層的なコミュニケーション・スキルをだれもが用いるようになっているだけなのである。

現在の生徒たちの〈島宇宙化〉はこうしたSNSのコミュニケーション構造と相似形をなしている。現在の生徒たちの〈島宇宙化〉をめぐる論議において、昔から女の子を中心に小グループ化はあったし、それが学校教育の問題として指摘されることも多々あったという反論を見ることがある。しかし、かつての小グループ化と現在の小グループ化とでは、そこに参加する生徒たちの意識の濃度が異なるのだ。かつては趣味・嗜好を同じくする仲間を見つけることは「我慢すること」と「努力すること」を伴っていた。だから、似たような趣味・嗜好の者が集まっていても、そこには違いがあることが最初から前提とされていたし、その意識が人間関係にある程度の距離感を必然的に形成していた。ところが、現在の小グループはコアな人間関係が前提なのである。密度が高く、濃度も濃い、そんな人間関係において一切の対立点を顕在化させないことに配慮しなければならない。対人エネルギーの多くをそこに費やさなければならない。そういう人間関係なのである。

しかも現在の生徒たちは、学校ではリアルに顔を合わせ、放課後から真夜中までネット上のコミュニケーションを続けなければならない状況にある。一分たりともそのコミュニティから逃れられない。多くの中高生がケータイやスマホを持ち込みづらい入浴の時間に、だれかからアクセスがあったときにすぐに返信できなかったことでトラブルが起こらないかと不安になるとアンケートに答える時代である。かつての小グループ化と現在の小グループ化を同じように論じることはできないのだ。

6. 誠実・熱心と善意の押しつけ

さて、【事例4】である。学級担任は松尾さんの案件に対してどのように対処すべきであったのか。

まず言えることは、担任が自分の力で解決しようと焦ったために事が大きくなってしまったという構造があるということだ。自分の力を過信したと言っても良い。言葉は悪いが、「功を焦った」という構造が担任にはある。「功を焦った」ことが、松尾さんの立場を結果的に貶め、松尾さんを仲間はずれにした三人の攻撃性を過小評価させた。そういう構造がある。こうした事案において教師にとって何よりも必要なのは、〈教師ができること〉と〈教師ができないこと〉とを明確に分けて捉えることだ。

諏訪哲二がこんなことを言っている。

「誠実」や「熱心」は、教師を論じるときのいつも良い資質に当たるかどうかという疑義がある。つまり、つねに子ども（生徒）という「他者」を相手にしている教師にとって、「誠実」は「鈍感」に、「熱心」は「自己中心的」に引っくり返る可能性が高い。つまり教師にとっては間違いなく誠実で熱心なのだろうが、子ども（生徒）の側の受け取り方を考慮して客観視すれば、別の受け取り方が想定される。不誠実や不熱心がいいといっているのではない。たとえば、人間関係において誠実に他に対することとは、自己の善意を最初から疑っていないから。相手の都合や気持ちを忖度しないで「こちら」を押しつけることにつながりがちである。〈『「プロ教師」の流儀 キレイゴトぬきの教育入門』中公新書ラクレ・二〇一四年八月・四五頁〉

僕はこの学級担任が「功を焦った」と書いた。しかし、ここで言う「功を焦った」は戦国武将が功名心のために「功を焦る」のとは趣を異にする。いわばこの学級担任は自身の世界観のみを基準とし、「誠実さ」と「熱心さ」をもって「善意」を押しつけ、松尾さんと他の三人の女子生徒の都合や気持ちを忖度せずに動いてしまった。それが教師としてばかりでなく生徒たちの在り方としても「正しいこと」だと疑いもせずに、である。諏訪の言葉を借りるなら、この教師は生徒たちを「他者」として見ることを怠ったわけだ。怠ったというよりも、この教師には生徒を「他者」として認識することができなかったのだろう。そこにこの教師の教師としての能力の限界が露呈してしまっている。

松尾さんはこれまで小グループをつくってきた三人との軋轢から逃避し、不登校傾向を示し始めたばかりである。保護者も原因が理解できずに困ってしまっている。それで担任教師はまず家庭訪問をして松尾さんから事情を聞いた。しかし、その事情を松尾さんの立場に立って考えるのではなく、「学校的正しさ（＝教師にとっての正しさ）」のみによって対処してしまった。しかもその「学校的正しさ」は「悪いようにはしないから、先生に任せてくれないだろうか」といった強引な説得として提示された。この「悪いようにしないから」を、松尾さんとしては自分がこれ以上責められる立場に追い込まれることはないという約束として理解しただろう。しかも、「そんなことはできるわけがない」という疑義とともにである。こうした約束をすることが教師にとってどれだけ危険なことかを認識していない教師は多い。この担任教師もその一人であったわけだ。

〈スクールカースト〉のような生徒たちの人間関係を構造的に把握しようとする志向性をもっている教師ならば、学級集団を構築する〈教師－生徒たち〉という人間関係の在り方と、生徒たちの小グループのような〈生徒－生徒〉間の人間関係の在り方との違いを明確に分けて捉えることができる。前者は担任教師が公権力を発動してもそれほどの深刻な問題とはならないが、後者に対して教師が権力を発動するとそれだけで話がこじれる要因となる。こうした場合には、「教師がその本質には割り込めない問題」として認識する必要があるし、たとえ割り込まざるを得ない場合でもあくまでも教師の立ち位置を「対立する公権力」と位置づけて対処する必要が生じる。要するに、「悪いようにはしないから」といった曖昧な立ち位置で対処してはいけないのだ。

こうした場合、家庭訪問で松尾さんから事情を聞いた時点で、教師は〈スクールカースト〉構造を理解している必要があるだろう。松尾さんには「なるほどな。これは先生が間に入って解決できる問題じゃないな。でも、先生としても放っておくわけにいかないから、それなりに動くことになる。でも、お前が悪者になっても困るから、お前は先生が家庭訪問に来ても部屋から出ずに、先生とは会っていないという話で貫け」とでも言うことになる。この「先生が間に入って解決できる問題じゃないな」というひと言がとても大切なのだ。これがあることによって、松尾さんは教師への態度を少しだけ軟化させる。「この先生は自分の現在の立場に一定の理解を示している。しかも、教師とは会わなかったという話をすることで、現段階よりも状況を悪化させることはないように配慮している」ということが伝わるわけだ。

そして次の日に三人を呼んだときにも、「松尾さんには会えなかった」ということを強調し、あくまで教師が観察しての予測したこととして話を進めていくことになる。

「松尾さんは部屋から出て来なくて会えなかった。でも、お前たちの様子を見ていれば、これまで仲が良かったのに松尾さんだけが最近は離れていることくらいはわかる。この状況の解決はとりあえず、お前たちに任せようと思う。どういう事情があったのかも聞かない。でも、松尾さんの不登校が続くようなら、先生方も動かざるを得ない。三日間だけ待つ。三日経ってもお前たちだけで解決できないようなら、そのときは先生方が乗り出す。学年の先生方に報告して大規模な指導の話になってくる。きっと、おまえたちの事情聴取だけじゃなくて、保護者にも連絡が行くようないじめ事案として対処することになるだろう。先生としてはそうはしたくない。仲の良かった者同士のちょっとしたいざこざに過ぎないんだろうからな。でも、松尾さんがこうなってる以上、最後まで放っておくわけにはいかない。どうだ?」

この手の言い方をすれば、三人も考え、大きなことになる前に松尾さんを訪ね、和解しようという話になっていくのが一般的だ。そうならなかったらならなかったで、三日後に公権力として間に入って原則通りの指導を行えば良いだけである。その場合でも、生徒の人間関係に割って入った悪者として教師が批判の的になるだけだ。不登校傾向を示した松尾さんが要因をつくったという認識は抱くものの、松尾さんが教師を頼ったという認識だけは回避することができる。こうした対応の在り方がふさわしいのである。

しかし、この手の事案は、十件あれば九件くらいは生徒たちが自力解決してしまうというのが普通だ。もちろん四人の間に違和感は残る。しかし、四人の間ではおそらくは多くの場合、松尾さんが他の三人に謝罪することで元の鞘におさまる。四人のなかでしばらく松尾さんのカーストが低くなることがあるにしても、それは時が解決していく。これまでも四人のなかで起こった仲間はずれを時が解決してきたように、である。

こうした事案の解決には、教師が「誠実な教師」「熱心な教師」と思われたいという功への焦りを捨て、「善意の押しつけ」をせずにあくまでも生徒たちの対立者として振る舞うことのほうがずっと大切なのである。しかし、こうした教師の在り方もまた、教師自身の〈カースト〉が生徒たちから高いと感じられていないと成立しない。そこが難しいところであることは付記しておかなくてはならない。

7. 現代的いじめと空気

しかし、これでもまだ疑問が残る。松尾さんを含むこの四人の小グループは、なにをきっかけにこんなにも頻繁にターゲットを替えての「ハズシ」「ハブキ」を繰り返すのか、という問題である。先にも述べたように、土井隆義はこれを「人間関係の重さを軽くするためのテクニックとして生まれたもの」とし、いじめ被害に遭うリスクの明確な基準は存在しないと分析した。だが、土井のこの分析は小グループ内において「ハズシ」「ハブキ」が頻繁に起こる構造を説明し得ても、どのような契機によってそれが起こるのかを説明し得ない。

【事例4】においても、松尾さんは「きっと自分が悪いのだ」と言うばかり、他の三人も「もう覚えていない」「直接的な原因は忘れてしまった」と言うばかりだった。これらの言をこの生徒たちが直接原因を隠そうとしていると判断するのは早計である。おそらくこの生徒たちはほんとうに覚えていないのだ。覚えていないというよりも、おそらく、これが直接的な原因であると言えるような出来事がないままに、この「ハズシ」「ハブキ」が起こっているのである。そこには昨今の、あの悪名高き「空気」が介在している。

僕は第一章でいわゆる「空気」がその場を仕切る人間の意図だと分析した。島田紳助や浜田雅功といった名司会者と呼ばれる芸人とひな壇芸人と呼ばれる若手芸人の関係との相似形で分析したわけだ。しかし、こうした「空気」の在り方は、生徒たちの間ではその場を仕切る〈②残虐リーダー型生徒〉がいる場合には当て嵌まるけれど、そうでない場合には当て嵌まらない。先にも述べたように、〈スクールカースト〉が同程度の者ばかりで構成される小グループでは、〈フラット関係の維持〉こそが最優先される。そうした場合、基準も方向性もないままに、ただ話題が盛り上がる方向に進めば「空気を読んだ発言」となり、盛り上がらない方向に進めば「空気を読めない発言」となる。そこでは「空気」を読める読めないの判断を「場の空気」だけが決め得るという、なんとも難しい局面が立ち現れてしまうのだ。

鴻上尚史が「それはまるでしゃぼん玉ひとつひとつの漂う方向を調べ、予測するようなものです。移動距離を調べようと定規を近づけた途端、しゃぼん玉は、定規と手が起こす微妙な風を受けて、ふわりと方向を変えるのです」と的確な比喩を用いて「空気」の移ろいやすさ、予測不能性を表現しているが（『「空気」と「世間」』講談社現代新書・二〇〇九年七月）、〈フラット関係の維持〉が優先される同質小グループではまさにこの「空気」の予測不能性が顕在化することになる。グループのなかに〈②残虐リーダー型生徒〉がいてその意図を読み合うという意味での「空気」ならば、実は空気を読み違えたとしても、そのリーダーに謝罪するとか機嫌を取るとかといった手立てが可能である。その結果、残虐リーダーが謝罪を受け入れたり、「まあまあ」と言って人間関係を調整してくれたりということがあり得る。

しかし、〈スクールカースト〉が横並びの同質集団においては、そうした行為はただの「空気の読めない行動」として断罪されざるを得ないのだ。しかもそれは、みんなが盛り上がっている話題について「その話のなにがおもしろいの？」と言ったとか、みんなが盛り上がっている場にあとから加わって「ねえねえ聞いて。昨日おもしろいことがあったの」とその場の空気を断ち切って話題を転換しようとしたとか、その程度の行為に過ぎないのである。こうした行為の一つ一つを当事者たる生徒たちもいちいち覚えてはいられない。松尾さんが「きっと自分が悪いのだ」と言ったのは、この構造を熟知しているがゆえに、自覚的ではないけれど自分がなにか「空気」を壊す行為をしたのだろうという意味なのであり、他の三人が「もう覚えていない」「直接的な原因は忘れてしまった」と言うのも決して嘘ではないのだ。直接的な松尾さんの言動は覚えてはいないけれど、三人のなかには松尾さんが「空気」を壊したことに対する違和感だけははっきりと残っている、そういうことなのである。

こうした生徒たちの教室内での「空気」の読み合いについて、僕は内藤朝雄の次の指摘が最も的を射ていると感じている。

学校に限らずしばしば使われる「空気を読め」という言葉も、実は「ノリ」に関連している。「空気を読め」とは、翻訳するなら「ノリを侵すな」ということだ。二〇〇七年ごろから流行した「ＫＹ（空気が読めないやつ）」といった言葉も「ノリを侵すやつ」という意味である。／「空気を読め」も「ノリ（が悪い）」も一般的に使われる言葉であるが、学校における「ノリ」「空気」は学校外で使われるときとは比べ物にならないほどの神聖さを帯びている。／赤の他人が無理やりベタベタするように強制収容された学校という場で、生徒たちは生活空間を遊びの「ノリ」で埋め尽くし、あたかも神に仕えるかのように「ノリ」に仕えて生きている。〈『いじめ加害者を厳罰にせよ』ベスト新書・二〇一二年一〇月・五二頁〉

この内藤の言う「神聖さ」という言葉にリアリティを感じ取れるか否か、それこそが昨今のいじめの在り方を理解できるかできないかの試金石となっている。

8．スクールカーストと性被害

驚くなかれ、「空気の神聖さ」はときに、にわかには信じがたいこのような事案まで起こすことになる。

【事例5】

ある日、クラスの男子生徒が数人集まって興奮しながら盛り上がっていた。ちょうど教師が通りかかり、「なに盛り上がってんの?」と訊いたところ、男子生徒たちが目を見合わせながら口ごもっている。これはなにかあるな……と直感した教師は、とりあえずその場はそれで引いておき、盛り上がっていた男子生徒のうちで最も正直に言いそうな生徒を放課後に呼び出した。そこで明らかになった話は驚くべきものだった。

なんと、ある女子生徒の性器の画像が生徒たちの間で出回っているというのである。さすがにLINE上で公開されてはいないものの、多くの生徒たちが仲の良い者に添付メールで拡散し、その画像をもつ者はいまや何人いるかわからないほどだ、と言うのだ。

教師はすぐに学年主任と管理職に報告。協議の結果、事が事であるだけに養護教諭が事情を聞くこととした。これ以上の拡散を防ぐために明日まで待つのではなく、担任が家庭訪問して保護者にも事情を伝え、すぐに女子生徒を学校に連れ戻した。

養護教諭が事情を聞いたところ、その画像が撮影されたのは四日ほど前の土曜日の夜だと言う。ある男子生徒の家に男女数名ずつが集まって酒盛りが始まった。みんなが酔ってきたところで王様ゲームをしようということになった。数十分後には異様な盛り上がりとなり、男子生徒も女子生徒も服を脱ぎ始めたと言う。そのうちに写真撮影が始まり、その場でいったいどれだけの写真が撮られたのかももうわからないとも言う。女子生徒のなかで画像が拡散したのは自分だけだが、男子生徒の性器の写真は自分の画像以上に拡散しているとも言う。他の女子生徒も写真は撮られたけれども、自分のようには拡散していないと言う。集まった女子生徒のなかで、メンバーのなかに彼氏がいないのが自分だけだったために、自分の写真だけが拡散することになった。恥ずかしくて困っているとのことだった。

教師集団はすぐにその場にいた男女全員を学校に集めた。添付メールをだれに送ったか、それが当事者の女子生徒の画像であるということを伝えたか否か、そうしたことを細かく確認した。送った先がわかった時点ですぐにその生徒に電話連絡して、保護者にも事の重大さを伝え、保護者の目の前でその画像を削除するよう依頼した。また、画像を送られた生徒が更に拡散させていないかを追及してもらうよう、保護者に依頼した。その結果、その日のうちにわかっただけで、この画像が当該学年を越えて数十名に拡散していることが発覚した。事情を聞くなかで画像を入手したことがわかった生徒たちには削除させたけれど、実際、これですべてなのかどうかは、教師にはもちろん、当の女子生徒本人やその場に居合わせた生徒たちにもほんとうのところはわからない。

事情が事情だけに学年生徒全員や全校生徒全員に呼びかけるわけにもいかない。もちろん当該生徒たちには事の重大さを伝えたうえで、指導を加えたけれども、既に画像は流出した後であり、取り返しのつかない事案である。拡散したことが把握された範囲内で削除されたことを確認した時点で、学校側としては幕引きとするしか手立てがなかった。

こうした性的ないじめ（いじめというより犯罪）は、都市部の中学校・高校では表に出て来ないだけで多くの事例がある。〈スクールカースト〉には性的な経験が多い者ほどカーストが高く、〈同調力〉をもつ者ほどカーストが高いという特徴がある。この二つの特徴が、性体験を多くもつ〈②残虐リーダー型生徒〉の誘い（今回で言えば「王様ゲーム」）を契機にこうした〈その場のノリ〉をつくり出し、「空気の神聖さ」と相俟ってだれも抗うことができなくなってしまうのだ。事の重大さに気づくのはあくまで事後のこと。既に取り返しのつかないところまで行ってしまっている。

学校側としても、これ以上の手立ての取りようがないというのが現実である。もしも発覚せずに逃げ延びた画像所有者がいたとしても、その生徒が更に拡散させたり他の生徒にしゃべったりして事が発覚しない限りは、その画像所有が表に出てくることはない。卒業して数年が経った頃、既に教師たちの手の届かなくなったところで再びこの画像が拡散されるということも充分にあり得ることである。しかし、そのとき、もうこの問題は当該教師たちの手の届かないところにある。

今回は画像の拡散という事例で説明したけれど、これが生徒たちの生身の性行為に発展する事例も多々見られる。また、学校側に発覚していないだけで、こうした性的ないじめやトラブルが生徒たちのなかにどれだけ潜在しているかは、正直、計り知れないというのが現実である。

被害生徒は自分の親にも言えない。男子生徒が〈スクールカースト〉上位の男子生徒から脱げと命じられ、性器を撮影され拡散されたとして、それを親に言う男子生徒がどれだけいるだろう。少し想像力を働かせればわかるはずである。また、保護者は保護者で自分の子が娘であった場合、こうした性的な被害に遭ったとしてもなかなか学校には伝えにくいだろう。ましてや警察にというわけにもいかない。おそらくは自分たちだけで問題を解決しようと動くはずである。学校側が把握しているもの自体が氷山の一角に過ぎない可能性が高い。

しかも、学校が把握した事案であったとしても、学校は教育委員会に報告することはあるにしても、こうした事案を教育研究会や各種教員セミナーなどで事例発表することはあり得ない。報告を受けた教委もいじめの一件として数えることに留めるだろう。こうしてこの手の深刻な性的被害があったとしても、多くの性犯罪が社会に潜在すると同じように、教育界においても潜在することとなる。文部科学省が各学校に求めるアンケート調査にも、おそらく性被害に関する項目はないはずだ。結局、性的なトラブルは「ないもの」とされ、社会問題化することもないのである。

9. インターネットと生徒の性意識

僕はインターネット社会が生徒たちに最も大きく与えた影響は、性意識を変えたことだと思っている。これは生徒たちだけでなく、大人もそうなのかもしれない。

インターネットが普及する以前の二十世紀までは、性器は隠されたものだった。一部に裏本や裏ビデオというものが出回っていたのだろうが、それを手に入れることは少なくとも中高生にとっては難しかった。だから、かつて異性の性器を見るということは生身の性体験をすることと同義だった。しかし、二〇〇〇年頃を機にインターネットが爆発的に普及した。インターネットは基本的に日本の法律で動いているわけではないので、それまでの秘められた性器画像はいつでも見られる状態になる。二〇一〇年代になってからはスマートフォンが爆発的に普及し、いつでもどこでも見られる状態になった。未成年者がアクセスできないようにというさまざまな工夫はあるものの、そんなものがちゃんと機能しているとはだれも思っていないはずだ。

かつて中高生がまず見ることのできない秘め事とされていたものが、いつでもどこでも見られる公然の秘め事となった時代において、中高生の性意識が変わらないはずがない。具体的に言えば、かつてと比べて性器を公開するとか裸体の画像を撮るとかいったことのハードルが僕らの世代からは想像がつかないほどに、おそらくは圧倒的に低くなっているのだ。中学校教師として毎日生徒たちと接しているとこのことを切に感じ取れる。

このことは現在の中高生が良いとか悪いとか、かつての時代が良かったとか悪かったとか言いたいために言っているのではない。中高生というものは時代の風を一身に浴びながら生きるものである。中高生の欲望も、意識するとしないとにかかわらず時代の欲望に影響を受けざるを得ない。欲望というものは、知っていること、目の前にあるものに対してしか抱けないものだ。性器が秘められていて、そう簡単には見られないという時代においては、若者のなかにそれを写真に撮りみんなに公開しようなどという発想は生まれ得なかった。思いつきもしなかったのである。しかし、それがPCやスマホによって日常的に見られるものになり、しかもプライベートで撮った画像が流出する（あるいは、腹いせに意図的に公開する）という事件が多々起こったとき、そういう事件を知った者だけが「自分もやってみたい」と欲望することができるのである。

現在、レンタルビデオのアダルトコーナーやインターネット上のアダルトサイトには、「ロリータコンプレックス」「SM」「レイプ」「近親相姦」「熟女幻想」「鶏姦」「死姦」といった、かつては「倒錯」と言われた性描写が目白押しである。こうしたかつて「倒錯」

と呼ばれた性描写がほんとうにアダルトだけのものであると思ったら大間違いだろう。

僕は一九六六年生まれ、八〇年代に青春期を過ごした世代だが、八〇年代には間違いなく、これらの性倒錯描写は裏文化を担う場末的な場所と一部の文学作品にのみ存在する世界であって、少なくとも中高生の目に見える場所にはなかった。それがいまや、この程度の倒錯はごく普通のことになり、女性を殺してその遺体を解体するとか、熟女どころか六十代、七十代女性といった「老女幻想」さえ市場に流通している始末である。こうした新しい性描写が、子どもたちに（実は大人にもだが）新たなタイプの欲望を喚起しないとだれが言えるだろうか。

そもそも、現在、書店で普通に売られている小説（いわゆる「エロ小説」のことではない）やライトノベルにも「ロリコン」や「SM」の描写は当然のように見られる。一時期流行したケータイ小説は「レイプ」描写のないものが珍しいほどだった。そしてこれらは中高生を中心的な消費者とする市場なのである。更に言うなら、中学校・高校では、担当者がろくに中身を確認することなく、学校図書館にこれらの書籍が並べられている現実さえある。子どもたちが成長過程において、こうした現代風俗の風を一身に浴びているということを、もう少しこの国は意識すべきではないか。

僕はこれらを有害出版物・ビデオとして禁止せよという短絡的なことを言いたいのではない。もちろんそれも一つの方策かもしれないが、これだけインターネットが普及し、表現の自由に対する論議もあるなかで有害出版物・ビデオの類だけを禁止したとしても、そうした志向性が陰にこもるだけである。僕が言いたいのは、少なくとも教育を考え、教育を議論するときに、「こうした風俗がはびこる社会における教育」を考え、「こうした風俗がはびこる社会における教育」を論じるという姿勢が必要なのではないか、ということだ。現場教師としては、社会風俗の現状と〈スクールカースト〉に代表される「空気（＝ノリ）」の神聖化とが相俟って、【事例5】のごとき事案が起こることは容易に予想されることなのではないかと感じるだけだ。

第四章

スクールカーストと生徒の変容

1．生徒変容のエポック

これまで四つの章にわたって〈スクールカースト〉を分析観点として学校現場に現象するトラブルやいじめを事例に即して見てきた。もちろん僕が現役の現場教師であるからといって、これらの事例は実際に僕が目にした事例ではない。僕が体験した事案の構造をより典型的に示すために僕が創作したものに過ぎない。また、実際に起こるトラブル事案、いじめ事案は僕が二章・三章で示した視点が絡み合った複雑なものであることが多い。それでも、僕が二章及び三章で提示した視点は、現在の教育現場で起こるトラブルの要因を一定程度掬い取っていると考えている。

本章ではこの〈スクールカースト〉に伴って現象するトラブルがかつての学校教育に見られた位階性とは異なり、新しい現象であることを補強するために、諏訪哲二による「スクールカースト論批判」（「『悪』からだって子どもは学ぶ――『スクールカースト』考」『プロ教師」の流儀 キレイゴトぬきの教育入門』第6章・中公新書ラクレ・二〇一四年八月・所収）を中心に取り上げる。

諏訪哲二は言うまでもなく、三十七年間にわたって埼玉県で高校教師を務めるとともに、長年にわたって機関誌「異議あり！」を発行し続け、かつて別冊宝島誌上で「プロ教師・読本」を次々に刊行して教育言論界を席巻した「埼玉教育塾」（いわゆる「プロ教師の会」）の代表でもある。九〇年代から二〇〇〇年前後にかけて河上亮一とともに、「生徒の変容」とそこから見える「社会の変容」を見据え、学校教育において教師がどのように生徒たちに対すべきかを現場教師の実感によって提案してきた論客である。僕は一九六六年生まれであるが、僕らの世代は彼らの論述に随分と刺激を受けてきたものである。退職後に上梓した『オレ様化する子どもたち』（中公新書ラクレ・二〇〇五年三月）は、子ども変容論としていまだにこれを超えるものはないというほどの名著である。

僕が憧憬して止まない諏訪哲二の論理に初めて違和を抱いたのは、『生徒たちには言えないこと 教師の矜持とは何か？』（中公新書ラクレ・二〇一二年六月）である。諏訪の論述が古いという思いを禁じ得なかったのだ。副題ともなっている「教師の矜持」、つまり教師が本来矛盾した要求のなかでアクロバティックな位置で動かなければならない構造があるという点に対してではない。僕が古いとの思いを抱かざるを得なかったのは生徒たちの分析であり、生徒たちと学校との対峙の構造であり、総じて学校教育が置かれている立ち位置についての現状認識である。諏訪は二〇〇一年に退職している。二〇一二年時点でこの十年の生徒たちの変容を実感として見据える位置になかった。一時代を築き、僕らの世代がある種の憧憬の念さえ抱いた諏訪哲二という教師の類い希なる頭脳が、運命《さだめ》とはいえ、いまや過去のものになろうとしていることに僕は愛惜の念を禁じ得なかった。

諏訪は八〇年代に入って、生徒たちに学校文化が通用しなくなったと述べる。市場の論理が生徒に自分は一人前の主体であると認識させ、教師の権威性を子どもたちの内部で否定させるとともに、教師と生徒の関係を五分と五分と捉えさせるようになった、と。ここまでは従来からの諏訪の論理である。おそらくここまでは間違ってはいない。僕自身は諏訪の言う八〇年代の生徒であったわけだが、僕らの世代の実感と照らしてもこの点に齟齬はない。

しかし、諏訪の問題は、諏訪が世に出て三十年間、生徒たちに対する分析がこの八〇年代的生徒像のまま一歩も進んでいないところにある。八〇年代の生徒たちは確かに当時の教師たちを驚愕させるに足る変化を示しただろうと思う。しかし、九〇年代から二〇〇〇年代にかけて、生徒たちは八〇年代を凌駕する変化を示したのだというのが僕の実感である。そしてそこには、諏訪哲二の言うような市場の論理が生徒たちを主体としたというだけでは説明しきれない時代背景がある。

2. 生徒の変容と自己責任意識

市場の論理が生徒たちに「自分は一人前の主体である」と認識させた。それが教師の権威性を失わせ、学校文化を崩壊させた。諏訪に限らず、教師の側に視点を置く論者の多くは、学校文化の崩壊をこのようなベクトルで構図化する。しかし、ひとたび生徒たちの側に視点を据えるならば、別の世界が見えては来ないか。「お前は一人前の主体である」と突きつけられた生徒たちは、教師の権威性を認めず学校文化に従わなくても良くなった代わりに、「一人前の主体なのだから、うまくいかないことはすべてはお前自身の責任だ」と言い渡されていたのである。

諏訪哲二は教師が生徒たちに「ほんとうのこと」ではなく「建前」を教えよと言う。本来、子どもが大人へと成長する過程においては、個人個人の「真実」よりも万人に通ずる「建前」が教えられることこそを大切にすべき時期があるのだ、と。それが八〇年代的な

「生徒の変容」によって成り立たなくなった、と。しかし、生徒たちが学校文化において教師の「建前」を受け入れなくなったことは、生徒たちの生きる社会が「建前」で動かなくなったことを意味しない。市場の論理は「努力した者が報われる」「学生時代にオール1でも、やる気が出たら頑張れる」「みんな仲良くつながるべき」といった「建前」の通りに成功した者を崇め続けてきたのである。

九〇年代、「自分探し」という概念が流行した。その概念はバブル崩壊、就職難とともに「フリーター」の増大へ、更には二〇〇〇年代に「ニート」論へと展開されていった。「癒やし」という概念も流行した。「ひきこもり」という概念も流行した。二十一世紀に入ってからは、「バトル・ロワイアル」「デスノート」「リアル鬼ごっこ」といったバトル系の流行もあった。その一方では、向上を目指さなくなった若者たちの登場、所謂「下流志向」も話題となった。一見ばらばらに見えるこれらの流行概念は、僕の言う「一人前の主体なのだから、うまくいかないことはすべてはお前自身の責任だ」と言い渡された若者という〈補助線〉を引けば、一つの図としての姿を顕す。

諏訪哲二は言う。

よくポストモダンになって近代の大きな物語が消失したと語られる。一人ひとりの思ったり考えたりすることを社会的に統合する大きな幻想が消失したというのである。そうなると、みんなが小さな物語をそれぞれ持つようになったと考えられ易いが、実はそれぞれの思うこと、考えることが、大きな物語と見なされるようになったのである。(同書六九頁)

さまざまに主張し消費する主体の意識としてはこの分析は正しいかもしれない。しかし、主体の裏側、主張しない、消費しない部分において、生徒たち、若者たちの間では「一人前の主体なのだから、うまくいかないことはすべてはお前自身の責任だ」という圧力こそが大きな物語として機能していたのではなかったか。いや、本稿の趣旨ではないので詳しくは触れないけれど、おそらくは、この大きな物語は若者たちばかりでなく、大人をも無意識のうちに包括していたはずである。

なぜ、他ならぬ「自分」を探さねばならないのか。それは失敗したら自分のせいなのだから、失敗しない在り方を探さねばならないという強迫観念故だろう。そのためには普通に就職して「組織と個」の軋轢のなかに身を置くよりも、「フリーター」や責任をもたされることのない「派遣社員」として自らを「失敗しない位置」に置くのが望ましいと考えるのはある種の道理として成立し得る。そうした柔軟性をもたぬ者が「ひきこもり」と呼ばれる生き方を選ばざるを得ない。そのなかの一部は「ニート」という本人が全く望まない称号を与えられる。

二十一世紀に入ると景気回復幻想も消え、闘って勝利した者だけが生き残れるという機運が生まれる。二〇〇〇年代になると同時に教室のあちらこちらで『バトル・ロワイアル』を読む生徒たちの姿を見かけたものだが、その多くは男子生徒であった。しかし、二〇〇〇年代中庸には、教師から見れば真面目でおとなしいと思われる女子生徒までが、朝読書で『リアル鬼ごっこ』を食い入るように読むまでになっていた（『ゼロ年代の想像力』宇野常寛・早川書房・二〇〇八年七月）。これはちょうど、ヤンキー予備軍と目される女子生徒たちがケータイ小説の恋愛格闘に夢中になっていた時期と重なる（『ケータイ小説的。』速水健朗・原書房・二〇〇八年六月）。当然、世の中が勝利者たれと闘いの機運に包まれれば、そこから「降りる者」も現れる。上昇志向をもたない若者、いわゆる「下流志向」（『下流志向』内田樹・講談社・二〇〇七年一月）が話題となるのも時代的必然であったのだ。

九〇年代から二〇〇〇年代にかけて、一貫して衰えないのが「癒やし」の流行である。老若男女にかかわらず求める「癒やし」という名の自己逃避は、僕には自己責任意識から一瞬でも逃れたいという叫びのように感じられる。スポーツイベントでの集団的熱狂やネットでの炎上など、名も無き者たちの集団による「カーニヴァル」（『カーニヴァル化する社会』鈴木謙介・講談社現代新書・二〇〇五年五月）にも同様の逃避の構図が見て取れる。

僕は諏訪に言いたいのだ。学校教育において確かに生徒たちに「建前」は通じなくなった。しかし、生徒たちはかつての生徒たち以上に「建前」に搾取され、陵辱され、精神を掠め取られているのだと。事は学校教育を守る方向、教師の矜持を守る方向で考えれば良いほど単純ではないのだと。〈スクールカースト〉現象は生徒たちを取り巻くこのような「自己責任圧力」と深い親和性をもっているのである。

ただし、諏訪哲二の言うような生徒たちも、現在、いないわけではない。既に対教師の暴言・暴力を伴うような二次障がいが表れている支援を要する子が、諏訪の言う論理を展開しながら、教師に五分の闘いを挑んでくることがある。僕はそうした生徒たちと対峙しながら、そのような後先を考えない、わかりやすい昭和的論理を、正直、愛おしいと思うことさえある。

3. スクールカーストの固定性

以上を踏まえて、諏訪哲二の「スクールカースト論批判」を見ていくことにしよう。

まず、諏訪が〈スクールカースト〉に対する第一の批判として挙げているのは、そのネーミングである。〈スクールカースト〉は入学後の生徒たち、学級編制後の生徒たちが学級集団の裏文化としてある種の権力闘争の末に人間関係の安定として形づくられたものであり、その気になれば組み替えることも転校することもできるものに過ぎない。それを比喩的にしても、インドの決定論的な階級を旨とし、宿命づけられた職業その他の階層とも結び付いている「カースト」と呼ぶことは人道的にも知的にも嫌悪感を覚えると激しく違和感を表明している。特に鈴木翔が〈「研究」というスタンス〉を前提にこの語を用いたことには、激しい批判を展開している。僕は長く諏訪哲二を愛読してきたが、これほどまでに激しく嫌悪感を表明する諏訪哲二をこれまで見たことがない。

しかし、諏訪には誤解がある。諏訪がこの文章を書くうえで底本としている『教室内カースト』（鈴木翔・光文社新書・二〇一二年一二月）には森口朗（前出『いじめの構造』）の命名と書いてあるらしいけれども（僕は『教室内カースト』を読んでいないわけではないけれど、この本は〈スクールカースト〉分析としてはあまりにも薄っぺらいと評価している。本書を執筆するうえでも読み返すことさえしなかった）、〈スクールカースト〉は決して森口が命名したものではない。それこそ、自然発生的にネット上で使われるようになった言葉に過ぎない。森口はネット上のその言葉に注目し、分析を試みたのである。〈スクールカースト〉という比喩的命名を施したのは森口朗でもなければ鈴木翔でもない。おそらくは現役の生徒たちだ。二〇〇〇年代半ばの中高生の流行語なのである。その意味で、命名者は「未詳」というのが正解である。しかし、このことは鈴木翔が森口朗の命名と言っているのだとしたら（確かめていないけれど）、諏訪を責められない。

むしろ、僕が諏訪の論理に違和感をもつのは、〈スクールカースト〉を逆転可能なもの、逃避可能なものと位置づけていることである。

ざっくばらんにいって、スクールカーストなるものの下位の生徒は、一生下位にいるのでもなく、クラス替えや卒業でそこから逃れることができるし、我慢できなければ別の学校へ行ってもいい。そして、根性があれば、クラスの人間関係を組み替えることさえ不可能ではない。スクールカーストなるものは本来のカーストとはまったく異なるものである。半分以上自分たちで作っている。クラスのなかの勢力争いによるグループ化現象はいつでも当然発生するし、それが上下化するのは人間社会の必然性である。

〈スクールカースト〉がインドの「カースト」と同じ位相にあると捉えるのは確かに度が過ぎる面があるだろう。しかし、〈スクールカースト〉が根性さえあれば逆転可能であり、いざとなったら転校することもできるというのは暴論である。ここで諏訪が問題にしているのは、出自やもって生まれた資質など、自らの努力ではいかんともし難い要因で〈スクールカースト〉が決定されているのか否かであろう。諏訪の感受によれば、それはあくまで生徒たちの勢力争いや主導権争いの結果として現象したグループ化に過ぎないと言いたいわけだ。

おそらく諏訪哲二のこうした感受は、諏訪が高校教師であったことに起因している。高等学校は学力を基準とした一定階層が集まる学校である。そこには、少なくとも学力的には似たような生徒たちが集まる。しかし、公立中学校の教師である僕から見れば、〈スクールカースト〉の決定要因たる「コミュニケーション能力」なるものは、少なくとも中学校入学時には逆転の非常に困難なものになっている。諏訪はいわゆる「底辺校」と呼ばれる高校にもいわゆる「進学校」と呼ばれる高校にも勤めた経験をもっているが、そのどちらの階層の生徒たちも一緒くたにまぜられて学級集団がつくられているのが公立中学校なのである。一般に、「コミュニケーション能力」の高さは頭の良さ、いわゆる「地頭」の良さと相似形をなしている。また、「地頭」の良さは試験学力の高さとも大きな親和性をもっている。中学校入学時には多くの場合、この差は歴然としている。そう簡単に逆転できるような代物ではない。しかも、苅谷剛彦が詳細なデータで明らかにしたように、学力が低い者ほど学力が低いことに自己肯定感を抱く現実が指摘されているほどである。そもそも学力下位層の生徒たちには、自らの学力を高めたいという意欲自体が欠落しているのである（『階層化日本と教育危機——不平等再生産から意欲格差社会へ』有信堂高文社・二〇〇一年七月）。

一般に〈スクールカースト〉を決定する要素として大きいとされる運動能力、身体能力にも同じことが言える。小学校高学年頃から、運動の得意な子、苦手な子ははっきりと分かれる傾向がある。中学校以降の逆転はかなり難しい。

また、諏訪は鈴木翔の挙げる具体例を引いて「イケメン・フツメン・キモメン」の語を用いているが、こうしたルックスの善し悪しも逆転を困難にする要素である。一般にある集団で「キモメン」と評価される者が、卒業したり転校したりして別の集団に移行したからと言って「イケメン」はもちろん、「フツメン」と認知されることもまずなかろう。第一章でも述べたが、ルックスは「コミュニケーション能力」における〈自己主張力〉を構成する重要な要素の一つである。そもそも一般に〈スクールカースト〉の決定要因として大きな影響をもつと言われる性体験の豊富さがルックスの善し悪しと親和性が高いことは言うまでもないだろう。

〈スクールカースト〉の決定要因について、子どもたちの意識的要因がもちろん皆無とは言わない。しかし、子どもたちの自己責任に帰すには苛酷すぎる条件が多々見られることだけは事実なのである。

4．スクールカーストと裏文化

諏訪哲二は次のようにも述べる。

もちろん、クラスには昔から学校（教師）側が設定するクラス委員や生徒会代議員などもろもろの公的リーダー組織とは別に、裏側に生徒たちが「好きに」作る裏組織があった。この点はまったく変わっていない。／だから、「スクールカースト」と呼ばれるようなグループの形成とグループ間の主導権争いおよびその結果としての格差は、最近の現象あるいは最近の子ども（生徒）たちだけの傾向ではないことを強くいっておきたい。

諏訪の〈スクールカースト〉批判は常に、学級集団や生徒会活動の公的組織との対比で論じられる。僕の言葉で言えば、学校生活における〈表文化〉と〈裏文化〉との対比である。例えば、諏訪はかつて高校現場（女子校の進学校）で教職に就いていた折、「三分の一がキャピキャピした連中、三分の一は自閉気味な子たち、真ん中にごくふつうの女子高生たちが三分の一いると思った」とし、「陽気で馬力のある連中」が学級のヘゲモニーを取ってくれると担任は楽だったと述懐している。〈表文化〉と〈裏文化〉を対比的に認識することで、学校文化と生徒たち独自の文化とを相容れないものとして論述している割には、学級運営の理想像として〈表文化〉に生徒たちの〈裏文化〉の力を引っ張り出すこと、借りることを夢想している嫌いがある。

しかし、〈スクールカースト〉を基準として、現在の〈表文化〉と〈裏文化〉の関係を見てみるならば、そこには別の風景、別の構造が見えてくる。何度も言うように、〈スクールカースト〉は別名〈学級内ステイタス〉とも呼ばれ、生徒たちが「コミュニケーション能力」（自己主張力・共感力・同調力の総合力）の高低を基準として互いに無意識の階級闘争を強いられているとする概念である。〈表文化〉の象徴たる学級リーダー・学校リーダーは、①〈自己主張力〉を発揮しての企画力、②〈共感力〉を発揮しての人間関係調整力、③〈同調力〉を発揮してのエンターテインメント性の三つをすべて兼ね備えていなければならない……一般生徒たちからはそういう視線が向けられる。学級・学校リーダーには、少なくともそうした〈振る舞い〉が求められる。ほんの少しの失敗も、〈スクールカースト〉を大幅に下降させる要因となり得る。企画がうまくいかなかった、個人的な事情で企画会議に出席できなかった、些細なことで級友に腹を立ててしまった、学級の多様な意見を調整できなかった、企画したイベントが笑えないとの評判を受けた……などなど、これらすべてが〈スクールカースト〉を下げてしまう大きな危険性を伴う。しかも、大失敗（と周りが思うようなこと）をすれば、〈カースト〉は奈落近くまで落ちる可能性さえある。非常にリスクの高い仕事なのだ。

しかも、リーダーとなったということ自体に「自己責任である」とする断罪の眼差しが向けられる。もともと学級・学校リーダーになるような生徒たちは、〈カースト〉の高い位置にある生徒が多い。わざわざ公的な場に出て私的関係で築いた〈カースト〉を下降させる危険性を引き受ける必要などない、多くの生徒たちはそう考える。そもそも現在の学級集団において、諏訪の言う「陽気で馬力のある連中」が〈表文化〉においてヘゲモニーを取る可能性などきわめて低いのだ。

【事例2】でも詳しく見てきたが、よく合唱コンクールの指揮者やパートリーダーが練習の最中《さなか》に不登校傾向を示すことがある。学校祭や修学旅行と異なり、合唱コンクールは多くの生徒が楽しみにするというタイプの行事ではない。学級のなかには少なからず合唱を不得意とする生徒たちがいるからだ。得意とする者と不得意とする者、一生懸命取り組みたい者とそうでない者との間で、最も軋轢を生じやすいのがこの行事なのである。しかも諏訪の指摘のごとく、生徒たち一人ひとりは得意とするのも主体、得意としないのも主体である。一生懸命取り組むか否かを判断するのも主体である。とすれば、教師でさえ難しさを覚えるこれらの調整に対して、いかに〈カースト〉が高いからといって生徒がその役割を担うのは容易ではない。しかも周りからは常に、「一人前の主体なのだから、うまくいかないことはすべてはお前自身の責任だ」という無意識の眼差しが向けられる。昨今、学校教育で大きな問題として指摘されている「リーダーの不在」にはおそらくこうした構造がある。現在、〈表文化〉と〈裏文化〉は基本的に、相容れない構造を示していると見て間違いない。

5．保護者クレームと臨床現場の病理

もう一つ、諏訪の論述に僕が大きな違和感を抱くのは、彼の論理に保護者がほとんど登場しないことである。諏訪の過ごした教員人生が保護者クレームへの配慮を伴わない牧歌的な時代であったからなのか、それとも高等学校教諭であったという校種の特性なのかは

わからないが、諏訪の教育論には僕らの実感に比してほとんど保護者の重要性に対する言及がない。

諏訪は「幼稚園（保育園）では教諭や保育士が細かく面倒を見ざるをえないから、子どもの自治的な集団はできなかろう。おそらく、小学校に入って初めて子どもたちは教師の管理下にない自治的な時間を経験することになる」と述べる。もちろん、幼稚園・保育園と小学校とを相対的に比較すればその傾向はあるだろう。しかし、現在は小学校どころか中学校においてさえ、おそらく諏訪がイメージするような幼稚園・保育園の様相を呈しているのが一般的である。そのことが現在の学校教育を歪んだものにしている。

泉谷閑示が〈臨床現場の病理〉とも言うべき、カウンセリングやセラピーの現場に見られる次のような構造を指摘している（『「普通がいい」という病』・講談社現代新書・二〇〇六年一〇月）。精神療法やカウンセリングの場面において、セラピストはクライアントの悩み・苦しみをどうにかしてあげようと、自分の考える答えをどうしても教えたくなってしまう。しかし、それはクライアント自身の、葛藤を持ちこたえる力を育てないどころか、自分自身で答えを導き出す力を退化させてしまい、セラピーへの依存をつくってしまうことになりがちであると。それは、ちょっと「脚が痛い」と言ってはいるがリハビリすれば充分歩けるようになる人に、車椅子を提供するような治療やカウンセリングに他ならないと。こうした場合、治療者のほうでは、すごく治療してあげているような自己満足を感じるものだが、また、患者のほうもすごく熱心に治療してもらっていると満足感を得るものでもあるが、結果的に治療者自身が患者さんに「治療依存症」をつくる元凶になっていると。

実は、学校現場もいま、この〈臨床現場の病理〉に陥っている感がある。二〇〇〇年代半ば頃からの学校教育のサービス業化の風潮以来、現在は教師の子どもたちに対する過保護が常態化しつつある。教師も保護者も子どもたちもそれが当然と思うようになり、このような教師による過保護が子どもたちを学校に依存させ、自らの能力を退化させる元凶になっていることにだれも気づかない。そんな悪しき構造がいたるところに見られる。

僕はこの傾向をつくったのが、二〇〇〇年代半ばの〈保護者クレーム〉の流行だと感じている。具体的な〈保護者クレーム〉の一つ一つではない。学校は保護者を顧客として満足させなければならない、最低でもクレームをつけさせない配慮をしなければならない、こうした学校教育を取り巻くようになった風潮である。その意味で〈保護者クレーム〉の流行、という言葉を使っている。いわば〈保護者クレーム〉という概念の流行である。

この時期から学校教育は、「生徒を育てること」「生徒を高めること」よりも、「保護者からクレームをもらわないこと」を基準に動くようになった。その結果、保護者にクレームをつけさせないために多くの教師が生徒たちを依存させる方向の手立てを採り始めた。校長も教委もそれを後押しするようになった。学校現場から〈父性的な指導〉が姿を消し、〈母性的な指導〉ばかりが見られるようになった。この傾向はいまもなお、急激に進み続けている。生徒を突き放して葛藤に追い込むとか、生徒の能力の限界以上の仕事を与えて鍛えるとか、かつての学校には確かに存在した意図的な営みはそのほとんどが姿を消してしまっている。

諏訪哲二は「『スクールカースト』と呼ばれるようなグループの形成とグループ間の主導権争いおよびその結果としての格差は、最近の現象あるいは最近の子ども（生徒）たちだけの傾向ではないことを強くいっておきたい」と言った。確かに「グループ間の主導権争いおよびその結果としての格差」はいつの時代にもあっただろう。しかし、「『スクールカースト』と呼ばれるようなグループの形成」はあくまで昨今のものである。それは学校というもの（おそらくは社会というものがなのだろうが）が〈父性原理〉ではなく〈母性原理〉で動くようになった時代のグループ化なのである。

〈父性原理〉は対立を旨とし、生徒たちの前に壁として立ち塞がり、それを越えさせることで生徒たちを育てようとする。諏訪が引くミシェル・フーコーの〈規律訓練型権力〉の発動もこれに当たる。しかし、〈母性原理〉は相手を受け入れ、調和することを旨とする。ありのままの相手を受け入れ、ありのままの自分を受け入れてもらうことをその本質的欲望として抱くことになる。〈規律訓練型権力〉を発動して鍛えるのではなく、生徒たちを〈環境管理型権力〉の発動によって包み込むことを旨とする。この原理で日常生活を送り、保護者ばかりか教師にまでそうした姿勢で接し続けられた生徒たちにとって、人間関係において相互の対立が顕在化したり、相互の利害が対立して軋轢が起こったりすることはある種の異常事態である。〈スクールカースト〉論によって提示されている小グループ化の在り方は、諏訪哲二が〈消費者〉として立ち現れたという八〇年代的な「新しい生徒たち」の延長上にありながらも、その依存欲求の濃度が桁違いに高いのだ。

〈母性〉とは一日二十四時間、常に子どもに何かあれば自分の都合を顧みずに時間と労力を費やし続けることだ。子どもが明日はいつもより早いと言えば、母はそれ以上に早く起きて弁当をつくる。子どもがいま習っているところがわからないと言えば、付きっきりで理解するまで教える。子どもが熱を出せば、自分の睡眠時間などなげうって徹夜で看病する。そういう存在である。いま、教師は子どもにも保護者にもこうした姿勢を求められている。それが学校教育を〈臨床現場の病理〉に陥らせる。

〈スクールカースト〉によって形成される小グループとは、こうした〈母性原理〉による動き方を、生徒同士で行おうという原理に僕には見える。無条件であなたを承認する代わりに、あなたも無条件で私を承認してね、というある種の共依存性である。だからこそ、生徒たちは対人エネルギーのほとんどすべてをその小グループの維持に傾ける。他の小グループが風景であるかのように思えるほどに、他の小グループに費やすエネルギーが残っていない状態になるまで、自らが所属するグループに全エネルギーを費やすことになる。そしてひとにもかくにもグループ内で〈優しい関係〉が維持されることを優先させる。そしてひとたび、グループ内で対立の顕在化や人間関係の軋轢に遭遇した場合には、まるで母親を失ったかのような、つまりは承認を得られる場所を失ったかのような決定的なダメージを受けてしまうのである。土井隆義の言葉を借りるなら、現在の人間関係だけを絶対視してしまい、他の人間関係の在り方と比較して相対化することができなくなるのだ。「今、このグループでうまくいかないと、自分はもう終わりだ」と思ってしまうわけである。

〈スクールカースト〉論の本質は、諏訪哲二の言うような現象的な小グループ化やその分裂、階層化にあるのではない。人間関係の硬直性の密度、人間関係の凝縮性の濃度、そしてひとたびそのグループから排除されたときの流動性の欠如にこそあるのだ。

6. スクールカーストとカーニヴァル化

諏訪の教育実践観はこうだ。

実践派の教師が考えることとは、表のタテマエ的な公的組織（教師の代理権力）を使って、生徒たちの私的組織を制圧しようとすることではなく、逆に、生徒たちの実（裏）勢力を表に引っ張りだして、生徒の自治的・自主的活動を実質化することであった。

言っていることはよくわかる。しかし、諏訪には現代の生徒たちに対する大きな誤解がある。〈スクールカースト〉は諏訪の言うような勢力組織ではないし、主導権争いのうえに成立した組織でもない。ましてや自治を目指しているわけでもない。生徒一人ひとりにとって、単に承認を得られる居場所なのである。僕は【事例3】において〈②残虐リーダー型生徒〉が〈⑦自己チュータイプ生徒〉ないし〈⑧何を考えているかわからないタイプ生徒〉の態度が不遜であるとして暴力を振るう事例を紹介したが、この〈カースト〉上位の生徒は日常的に〈カースト〉下位の生徒たちを従え、リーダーシップを発揮したいと考えているわけではない。むしろ関係のない存在として認知されている。ただその関係に歴とした上下関係があると考えているだけだ。ここを履き違えてはならない。〈残虐リーダー型生徒〉が中心になって〈お調子者タイプ生徒〉を従えて行われる〈カースト〉下位生徒に対するいじめも、弱い者をいじめて楽しむというよりも、その弱い者を攻撃することで自分たちの結束力を高め、自分たちのグループ内に巣くう対立や軋轢の可能性に伴ういらだちを昇華しようとしているに過ぎない。むしろその構造は、ヤンキーと呼ばれる若者たちの「オヤジ狩り」や「ホームレス狩り」の発想に近い。彼らにとって

「オヤジ」とは、本来能力もない者が世代的な既得権益によって安定した生活を営んでいる者たちと認識されている。その証拠に、家庭には居場所がなく、家族は給料を運んでくるが故に一応「オヤジ」を立ててはいるが、その実はだれからも尊敬を集めることのできない蔑むべき存在である。それが飲み屋街でいい気になって楽しそうに酔っぱらっているとき、彼らのなかで〈攻撃的なノリ〉が増殖した場合に限り、そのターゲットになるのだ。「ホームレス」も同様である。働きもせず、公共空間である公園の一部や土手の一部を占拠している蔑むべき存在である。それが公園の一角などでその行動が彼らの目についたとき、〈攻撃的なノリ〉が巻き起こり、狩りのターゲットとされることがあるのである。

生徒たちにとって、〈カースト〉下位の生徒たちもまた、〈自己チュー〉であったり〈何を考えているかわからな〉かったりと、自分たちとは異なる、蔑むべき存在に過ぎないのである。そこになにかをきっかけに〈攻撃的なノリ〉が巻き起こったときにいじめは起こる。〈②残虐リーダー型生徒〉を中心としたいじめはこうした構造で起こるのである。このような構造にある〈スクールカースト〉格差を、学級集団の〈表文化〉に引っ張り出して、自治組織を「実」として機能させようなどとは勘違いも甚だしいと言わざるを得ない。

もしも現代的な〈スクールカースト〉構造を学校の〈表文化〉に活かせるとすれば、それは消極的な活かし方である。消極的というよりも、〈スクールカースト〉の逆説的な活かし方と言ったほうが良いかもしれない。〈スクールカースト〉には一つだけ、すべての階層生徒が格差を超えて一方向を見る場合がある。それは教室集団内に〈カーニヴァル〉（前出『カーニヴァル化する社会』鈴木謙介・講談社・二〇〇五年五月）が巻き起こった場合である。

〈カーニヴァル〉とは社会学者の鈴木謙介の提唱した概念だが、二〇〇二年の日韓共催ワールドカップにおいて顕在化した現代の若者の特徴の一つとして認識される。それまでサッカーになど興味もなかった若者たちが、こぞってスタジアムに集結し、海外のサッカーファンに負けずとも劣らない応援パフォーマンスを展開したことを記憶している読者も多いと思う。中にはサッカーのルールさえよく理解していないにわかサッカーファンがたくさんいたと言う。そこに求められているのは、共同体が失われた社会において、瞬間的に得られる〈擬似共同性〉であると考えられる。これを鈴木は「面白いか、燃えるか、一体感はあるか」を基準に生成すると主張している。いわゆるインターネット上の「炎上」

（一般に「祭り」と呼ばれる）や世論を挙げてのバッシング（例えば、かつてのイラク人質三人に対するバッシングや朝青龍バッシングなど）のように、ネガティヴに機能する場合も少なくない。

学校現場で起こるいじめも、先に述べた「オヤジ狩り」や「ホームレス狩り」も、小グループにおいて〈攻撃的なノリ〉が増殖し、ネガティヴで小規模な〈カーニヴァル〉が起こって生じていると見ることができる。しかし、実はこうした〈カーニヴァル〉が学校教育の〈表文化〉でポジティヴに機能する場合がある。体育大会や球技大会といった学級対抗のスポーツイベント、及び学校祭・文化祭においてエンターテインメント的要素の強い催し物が行われた場合（ダンス・パロディ映像発表・お笑い芸の発表など）などである。

現在、こうした学校行事においてだけは、諏訪の言うような、生徒たちの「実」を学校の〈表文化〉に引っ張り出すということが可能である。しかし、これも「合唱」「器楽」「演劇」といった旧文化的な領域においてはまったく機能しない。あくまでもスポーツイベントかエンターテインメントの場合のみである。要するにここにも、鈴木謙介の言う「面白いか、燃えるか、一体感はあるか」という基準が強く作用しているわけだ。

このとき、生徒たちはどの〈カースト〉に属する者も、この「神聖なノリ」を侵さないという〈振る舞い〉に終始する。そのなかで、〈②残虐リーダー型生徒〉は応援団長よろしく場を一心に盛り上げる役を担うし、〈⑤お調子者タイプ生徒〉はもちろん、〈⑦自己チュータイプ生徒〉や〈⑧何を考えているかわからないタイプ生徒〉に至るまでが「面白く」「燃えることができ」「一体感を得られる」が故にこの祭りには何の疑問も抱くことなく参加することになる。しかし、僕の経験上、現在、学級集団や学年集団にかつての特別活動が目指したような一体感を創造できるのは、こうした特殊な非日常空間だけである。

7. スクールカーストと保護者の変容

長く〈教育〉は「社会的共通資本」の一つとして機能してきた。「社会的共通資本」とは「一つの国ないし特定の地域に住むすべての人々が、ゆたかな経済生活を営み、すぐれた文化を展開し、人間的に魅力ある社会を持続的、安定的に維持することを可能にするような社会的装置」のことだ。具体的には、水・大気・森林などの自然環境、道路・上下水道・電力・ガスといった社会資本、教育・医療・報道・司法といった制度資本の三つを指

す（『社会的共通資本』宇沢弘文・岩波新書・二〇〇〇年一一月）。

諏訪哲二も「地域の教育力」について次のように述べている。

私が地域の教育力をイメージするとき、地域のおとなたちの恐さの教育力と同じくらいの比重でガキ集団の「自治」を考えている。これは一九六〇年頃、農業社会的近代が終了して、産業社会的近代に入ると、テレビの普及や貨幣経済の浸透、都会における空き地の消滅などを契機として消失していった。つまり、家庭での第一次教育のあとに成立していた地域のガキ集団による第二次教育が消えていったのである。進学率の上昇とともに、同一学年のつながりが強くなっていったことも一因であろう。

ここで諏訪が提起しているのはなにも〈地域のガキ集団〉の教育力ばかりではない。「地域のおとなたちの恐さの教育力と同じくらいの比重で」と言っているように、地域社会の〈おとなの教育力〉と〈ガキ集団の教育力〉とを並列させているわけだ。おそらくは、子どもたちへの地域の教育力としてはかつてはどちらも欠かせないものとしてスパイラルに機能していたのだというイメージが前提にあるのだろう。おそらくこうした教育力が当然のものとして地域に根付いていた時代には、教育が「社会的共通資本」としての機能を十全に発揮していた。それぞれの地域なりの「ゆたかな経済生活」を営み、「すぐれた文化」を形成することに〈教育〉が機能していた。

しかし、諏訪の指摘するように産業構造の変化とその影響による高度経済成長に伴い、このような地域の教育機能は崩壊の一途を辿った。諏訪が長い言論生活において主張し続ける高度消費社会へと突き進んだわけだ。高度消費社会が与えた〈教育〉への影響には多々あるけれど、僕は概ね次の五つが挙げられると考えている。

第一に、世の母親たちに時間をもたらしたことだ。農業社会的近代から産業社会的近代に移行したことによって専業主婦が増えた。働き手の男性の多くがサラリーマンになったわけだから、農業を営む家庭のように女性を労働力としてあてにする必要がなくなった。農業社会的近代では否応なく労働力として期待されざるを得ず、それに疑問を感じることなく生きてきた女性たちがある種の自由な時間を得たのである。更に、文明の利器が時間を創り出す。掃除機は女性の掃除時間を短縮し、洗濯機は女性の洗濯の時間を短縮し、電子レンジや食洗機は女性の炊事の時間を短縮する。少なくとも、多くの母親たちに我が子にかける時間の圧倒的な増大をもたらしたことは確かだ。

第二に、世の母親たちの我が子にかける時間と労力の密度を高めたことだ。産業社会的近代を迎えると、働き手である男性の働き場所は都市に集中する。若い労働力は大都市に流入することになる。それが核家族化と少子化をもたらした。子をもつ親の親世代は地方に、子をもつ親世代は都市に、それが都市の核家族化をもたらす。都市には地域の教育力もなく、都合によって子の面倒を見てもらう自分の親がいないわけであるから、子をもつ親世代としては少子化に進むことになる。時間を有し、子どもの数が少ないという状況は母親たちの我が子にかける時間と労力の密度を高める。

第三に、高度経済成長後の内需拡大政策が家族を解体したことだ。テレビや洗濯機、自家用車などの文明の利器が全世帯に行き渡る。多くの家庭が子ども部屋をつくるようになる。世帯単位で考えた場合の内需が飽和を迎える。そこで国と企業が共同で推し進めた経済政策は、実のところ、家族を解体して内需を拡大することだった。テレビは家族に一台から一人に一台へ、自家用車は夫婦が一台ずつもつ。一人一台主義はラジカセ・ビデオ・パソコン・電話とどんどん拡大していく。これが八〇年代半ばから急激に進んでいった。

その結果、父親は父親の、母親は母親の、子どもは子どもの個人的な趣味・嗜好に費やす時間と労力が増えていく。家庭用ビデオデッキの普及が、テレビのチャンネル争いを消滅させる。それどころかレンタルビデオ店の普及は、それまでテレビ局が一方的に流していた映像ソフトに対して、個人個人に選択権を与えた。父親は茶の間でヤクザ映画を、母親は寝室でメロドラマを、子どもは自室でアイドルのライヴ映像を観るという、それぞれに並行する別々の時間を過ごすことを可能にした。そのうえ、二十四時間営業のコンビニエンスストアの普及が、一定の起床時間や就寝時間を解体し、それまで慣習として決まっていた家族の一致した活動時間を解体した。これだけのことが起これば、家族が解体しないほうがおかしい。その後、ＰＣの普及やケータイ・スマホの普及が更にこの方向性を加速させたことは周知の通りである（『やさしさをまとった殲滅の時代』堀井憲一郎・講談社現代新書・二〇一三年一〇月／『街場の共同体論』内田樹・潮出版社・二〇一四年六月）。

第四に、貨幣に対する価値観（貨幣価値のことではない。お金を大切だと思う価値観のことである）のみが異常に肥大化し、労働の公共性に対する意識が急速に縮小したことが挙げられる。個人の趣味・嗜好がこれだけ満たされることが可能な社会になると、人々はそうした趣味・嗜好に没頭している時間こそが自らの本来の姿であり、労働はそうした潤いのある時間をできるだけ潤沢に確保するために、仕方なく取り組む苦役と感じられるようになっていく。「生活」と「労働」の分離と言えば良いだろうか、それとも、「趣味・嗜好」と「消費する権利獲得」の分離とでも言えば良いだろうか、タテマエ的によく言われた「職業に貴賤なし」という言葉が象徴していたような、それまでの労働することによって社会の役に立つ、自己利益だけを求めて労働してはならないという価値観が大きく後退し、労働は自らの豊かな時間を確保するための手段として認識される傾向が強くなる。一時期はキャリアウーマン志向に沸き上がった女性の労働観も、男女共同参画が法制化される頃には既に子どもの学費のために一時期パート労働をする程度の働き方しかしたくないというメンタリティが形成され始め、現在はその完成期と目されている。

第五に、高度経済成長後の急速な産業構造変化の常態化が知的な仕事、創造的な仕事の価値をそれまで以上に高めたことだ。親も子も特殊な才能を発揮したり、知的創造を伴ったりといった仕事ばかりに目が向くようになった。前者はスポーツ選手や芸能人、デザイナーなどに象徴されるような仕事、後者は作家や時代動向を見極めながら起業するタイプに象徴されるような仕事である。労働として公共的な価値があると目されるのは、こうした公共だけでなく私的にも満足できる、それでいて収入も高い（ほんとうはイメージに過ぎないが）という仕事だけになった。

わかりやすい例を挙げよう。かつてどこの会社でも経理という部署は、「経理一筋」といった専門性の高い社員というイメージの職種だった。しかし、会計ソフトがこれだけ普及すると、データの打ち込みだけの仕事となり、派遣社員でもできる仕事になっていく。かつての「フォーディズム」に象徴されるようなライン上の仕事もそのほとんどが機械に取って代わられ、人間でなければできない仕事は完成した商品の点検くらいである。商品の仕分けは機械でもできるが、それを各地域に運んだり配達したりといった仕事はいまだに人間が行っている。つまり、機械やソフトが発達するということは、人間にとって仕事というものを、一部の突出した才能を発揮する仕事や知的生産を伴う仕事と、それ以外の特に特殊技能を必要とされない大多数の仕事とに分断してしまうのである。ごく一部の「余人をもって代えがたい仕事」と大多数の「いくらでも代えがきく仕事」に分断されたと言っても良い。その結果、子どもも親（多くは母親）もごく一部の「余人をもって代えがたい仕事」こそが尊い仕事であり、それ以外は我が子に就かせたくない仕事として認識するようになる。まさに本音だけでなく、タテマエ的にも「職業に貴賤あり」の労働観がはびこる時代となったのだ（『なぜ日本は若者に冷酷なのか』山田昌弘・東洋経済新報社・二〇一三年一一月／『暇と退屈の倫理学』國分功一郎・朝日出版社・二〇一一年一〇月）。

いま、高度消費社会の到来に伴う変化を五点挙げたけれども、ここでなにより重要なのはそのほとんどが八〇年代後半から九〇年前後に全国に普及し始めたものであり、二〇〇〇年前後のインターネットの普及に伴うそれまでとは比べものにならないほどの高度な情報社会が急速に深刻化させてきた問題であるという点である。そして現在もなお、その急激な進行は止まるところを知らない。この瞬間にも深刻さの度合いを想像も及ばないほどに大きくしてしまう技術が開発されているかもしれない。いま僕らがいるのはそうした地点なのである。

以上、諏訪哲二のスクールカースト批判をもとに、現場教師として拙い時代認識を述べてきた。次章では、学校現場はどのように生徒たちのいじめに対応していくべきなのか、現実的な手立てについて僕の考えを述べていきたい。

第五章

現代型いじめと教師の対応

1. 父性・母性といじめ対応

父性型教師と母性型教師はモードが異なる。父性型教師は社会的な規範を意識的・無意識的に大きく捉え、確固とした善悪の判断の在り方があるものと考えていて、それを指導基準とする。一方の母性型教師は社会規範よりもいま目の前にいる生徒の精神的安定を第一義として、意識的・無意識的にその子に寄り添い続ける。

ここで言う「父性型教師」「母性型教師」はもちろん、男性であること、女性であることを意味しない。あくまで教師の在り方のタイプのことだ。実は、本人さえ意識していないなんてことも珍しくない。当然、両者は生徒指導においてもモードが異なる。生徒たちの前での立ち居振る舞いも異なってくる。

その違いはいじめ対応を例に考えれば一目瞭然である。

本人たちは意識していないのだが、父性型教師はいじめ被害の訴えがあった場合、あるいは生徒たちを観察していていじめの匂いを感じた場合、まずは「いじめの事実」を確認しようとする。いじめの有無はその事実確認がすべて済まない限り、判断できないと考えている。加害者とされる生徒たちが被害者の生徒にいつ、どこで、何を、どのように言ったか、加害者が被害者にいつ、どこで、何をしたか、まずはそれを時系列で細かく確認しようとする。関係した生徒一人ひとりから事情を細かく確認して、まずは事実関係をすべて明らかにしようとする。それがわからないうちは指導に入れないとさえ考えている。

この加害とされる行為の全体像が明らかになった段階で、父性型教師はそれがいじめであると判断すれば、ここで初めて適切な指導を施す。加害者側にどんな行為がどのように悪かったのかとか、悪気のない行為でも相手が自分と同じように軽く捉えるとは限らないとか、今回の被害者だけでなく他の人たちにも同じように考えながら日常生活を送るべきであるとか、こうしたことを細かく確認していく。

被害者側には、加害者側の子と今後も付き合いたいのか、それとも付き合いたくないのかを確認し、その意向に沿って加害者側に指導する。被害者がこれまでのように親しく付き合いたいと言えば、仲直りの儀式の場を設け、そうでない場合には加害者側に「もうかかわるな」と念を押すことになる。最後に指導の経緯を保護者に連絡して一応の解決を迎えることになる。

これが一般的な父性型教師の指導の流れである。

しかし、母性型教師は出発点が異なる。

母性型教師の指導の特徴は、まずはともかく被害者側に寄り添うことから始まる。一応、加害者とされる生徒たちから事情は聞くのだが、その事実確認は父性型教師のように徹底してはいない。それより、被害者側の生徒がどんな気持ちでいるのか、この経験がトラウマにならないか、保護者は今回のことにどれほど心を痛めているだろうか、などなど、被害者とその家族の心情に寄り添うような発想に立つ。

母性型教師は、その一方で、今回加害者とされた生徒たちや保護者にも「ほんとうは悪い子ではない」というケアの仕方をしていく。被害者側の心情と加害者側の心情とをともに引き取り、母性型教師自身の心情が引き裂かれてしまうことも珍しくはない。その結果、父性型教師のように一応の「一件落着」を見るというような形にはなかなか到達しないという現実がある。「よし、今回はここまでやれば解決!」というような線引きがなかなかできないので、ズルズルと被害者・加害者へのケアが続いてしまうのだ。

母性型教師によるいじめ指導事案は多くの場合、母性型教師の優しさと励ましが少しずつ機能するという形で解決することになる。或いは時間が解決していくというようなことも頻繁に起こり得る。

これが一般的な母性型教師の指導の流れである。

要するに、父性型教師の指導は「強者の論理」で進み、母性型教師の指導は「弱者の論理」で進むわけだ。父性型教師の指導は政治的であり、規律訓練的であり、性悪説に基づいているとも言えるし、母性型教師の指導は心情的であり、環境調整的であり、性善説に基づいているとも考えられる。もちろん、教師を二つにラベリングしてどちらか一方に偏ると断定したいわけではないが、ただ、教師の生徒指導の在り方の傾向として一般的に両者に分かれるということは言える。

2. いじめ対応の三段階

すべての教師が、父性・母性どちらかの傾向に親和性をもっている。どちらのタイプであったとしても、実は教師が意識しなければならないのは、教師には両方の態度がともに必要なのだということだろう。社会規範を旨に毅然とした態度で解決する。指導した後にも要所要所でケアを怠らず、長い時間をかけて見守り続ける。教師にはそのどちらもが求められるのだ。

教師がいじめを認知し、指導したにもかかわらず生徒の自殺を招くという場合がある。データがあるわけではないので印象に過ぎないのだが、いじめ自殺を招きやすいのは、父性型教師が社会規範に則って毅然としたいじめ指導をし、一応の解決を見た後のケアを怠ったことに起因するのではないかと僕は感じている。いつも自分のことを気にかけてくれる人間がいるとき、生徒は自殺の道をそうそう選択するものではない。ただし、母性型教師が心情だけでつながろうとすると、指導が曖昧になり問題が深刻になっていくということも決して珍しくない。既に読者はおわかりだろうと思うのだが、すべての教師が双方のタイプを意識しなければならないのだというのが、僕の意図である。

いじめ指導であれば、
① 事実関係を細かく確認し、いじめの事実の全体像を明らかにする。
② 確認された事実に基づいて適切に指導する。
③ これで解決と考えずに時間をかけてフォローとケアを心掛ける。
という三段階をセットなのだと意識しなければならないということである。

いじめ指導に限らず、すべての生徒指導において事実確認を徹底することはとても大切だ。中学校・高校ではその組織的な強みで事実の確認がしっかりと行われてから指導に入るということが多いのだが、小学校では学級担任が一人で生徒指導をする場合が多いものだから、事実確認がなかなか徹底しないという傾向がある。小学校では、学級担任が父性型教師的な傾向をもつか母性型教師的な傾向をもつかが、生徒指導の在り方にまともに影響するわけだ。

事実確認において最も大切なことは、あくまで「事実確認」は指導ではないと教師が心することである。言い換えるならば、「事実確認」と「指導」をしっかりと分けて捉えるということである。事実確認においては、生徒に「どういうつもりでやったのか」とか「いまどう考えているのか」とか「反省しているのかどうか」とか、これら一切をまだ確認してはいけない段階なのだと意識しなければならない。起こった事実が明らかにされていないのに、生徒の心の問題に踏み込むというのはナンセンスである。事実と気持ちが曖昧になり、適切な事実確認を妨げる危険性さえある。心の問題に踏み込むのは、事実がしっかりと確認された後で充分なのだ。事実確認は僕の経験上、短ければ十分程度で、複数の生徒たちがかかわった複雑な事案で、事実確認の時間が長引いたとしても二〜三時間程度で終わるのが普通である。

事後の心のケアにおいては、教師が自分にどこまでできるのかという限界性を意識することが大切である。例えば、ある夜、ある生徒に寝ているのを起こされて呼び出されたとしよう。一度や二度なら行ってケアしてあげられるかもしれない。しかし、五度、十度となってきたら、いつまでこの要求に応えてあげられるだろうか。これに対応し続ければ、教師の側の生活がガタガタになってしまいかねない。

二度は行ったのに三度目は行かなかったとなったら、実は最初から行かなかったときよりもその生徒は傷つくのではないだろうか。途中でやめてしまうことは最初からやらなかったときよりも他人を傷つける場合がある。何度か教師が無理な要求に応えてくれ、すっかり信用した後に裏切られたとなれば、生徒の側も絶望に陥り自暴自棄になりやすい。依存性の高い生徒ならば、自殺を考えることさえあるかもしれない。

被害生徒に心のケアが必要だとはよく言われるが、いじめ被害の事後対応においては、こういうことまで視野に入れなければならない。生徒にどのように対応するかは理想論で考えるのではなく、あくまで現実的に考える必要があるのだ。

しかし、これがなかなか機能しない。〈スクールカースト〉の低い教師が〈スクールカースト〉の高い生徒から事実確認をしようとしても、なかなか事実を認めない。この教師ならだませるだろうと嘘をつき通す。ひどい場合には、呼び出しに応じなかったり逃げたりといったことさえ見られる（もちろん、さすがにこれは数が少ない）。

母性型指導が加害生徒に機能するのは、あくまで加害生徒がいじめの事実を認め、深く反省し、被害者への謝罪を済ませた後の話である。つまり、加害生徒が腹を見せてこその母性型指導なのだ。その意味で、母性型教師がどうしても被害生徒のケアに終始してしまいがちになるのも故なきこととは言えない。

ところが、〈スクールカースト〉の高いタイプの父性型教師がいじめ指導を施した場合には、加害生徒は正直に非を認めるものの、被害生徒のケアはどうしても深いところまで機能しない傾向がある。〈カースト〉の高い教師の〈カースト〉が高いのは、〈自己主張力〉や〈同調力〉の高さ故であり、簡単に言うなら「自分をしっかりともっているこの先生には敵わない」と生徒たちが感じるからに他ならない。もちろんこうした教師は高い〈共感力〉をもっているのだが、「コミュニケーション能力」の総合力をもっているだけに、生徒たちから見れば〈共感力〉以上に〈自己主張力〉や〈同調力〉を発揮して生徒たちを指導しているイメージが強い。母性型教師のように、その〈共感力〉が突出してイメージされるのとは異なる。結局、メンタリティの弱い生徒たちとしては〈スクールカースト〉の高いタイプの教師よりも、〈カースト〉は低いけれども間違いなく優しいという母性型教師に相談しやすいという現象が起こる。

ここに、どうしても、〈スクールカースト〉の低い母性型教師は加害生徒の指導を苦手とし、〈スクールカースト〉の高い父性型教師は被害生徒の心情を最終的に掬い取れないという傾向が出てしまう所以がある。しかも、教師も人間であるから、自分にできることは過大評価し、自分にできないことは過小評価してしまう傾向も避けられない。結果、父性型教師は母性型教師の加害生徒への指導を「甘い」「中途半端だ」と評価する傾向をもち、母性型教師はどうしても「こうしたら?」と自分の意見を被害生徒に言ってしまう父性型教師に対して、「体質が古い」「押しつけだ」との印象を抱くことになる。

こうした溝が大きくなると、職員室の指導方針に違いが出てしまい、よけいに指導を機能させなくしてしまう。たいていの場合は、職員室内でも、父性型教師のほうが〈職員室カースト〉が高いが故に、父性型教師の指導方針が優先されることが多い。その結果、加害生徒に対しては比較的適切な指導が行われるものの、被害生徒のケアが弱くなることが多くなるわけだ。

これに加えて、経験のない若い教師が経験がない故にいじめ指導においてその初動を誤り、いじめ指導が深刻化してしまうことがあるのは、幾つかの事例で示した通りである。こうしていじめ指導は複雑化していく。

これが多くの学校で見られる現実である。

3. いじめ指導と学級担任制

こうした事態に陥るのはなぜか。僕はこれをこの国の学級担任制という制度が招いた学校教育の悪弊だと捉えている。もちろん、学級担任制が駄目だと言っているのではない。ただ、学級担任制のイメージがあまりにも独り歩きし過ぎたために、長い時間をかけて形成された悪弊を要因としていると、そういう意味である。

一般に、学級担任は自分の学級の生徒たちに自分一人で責任をもたなければならないと感じている。この意識が、力量のある教師には自分の学級の生徒たちを「所有物」に近い感覚に陥らせ、力量の低い教師には責任を果たせていないと悩ませることになる。多くのベテラン教師は、学級担任をもつと生徒たちの〈擬似親〉のような感覚になるし、多くの若手教師は生徒たちの〈擬似兄〉〈擬似姉〉のような感覚になる。親や兄姉の感覚だから生徒たちに少しくらい不条理な要求もできるし、他人なら絶対にかけないような深い情をかけたり、少々度が過ぎるのではと思われるほどの突き放し方もできるわけだ。これが古くから、多くの教師のメンタリティである。少なくとも義務教育においてはそうだ。

保護者も一般的に、学校で我が子の面倒を見てくれるのは学級担任だと思っている。よほど担任が頼りなかったり信用できなかったりしない限り、いかなる相談も第一義的には学級担任にするべきだと考えているし、事実そうすることが多い。学級担任を超えて学校に連絡するのは、多くの場合、担任へのクレーム案件くらいだろう。だからこそ、年度当初、我が子の担任が決まると、「今年の担任はアタリだ」「今年の担任はハズレだ」ということが保護者の間で大きな話題にもなるわけだ。

僕は中学校の教師だが、中学一年生を担任した四月、自分に向けられる生徒たちの目の輝きにいつも心苦しくなることがある。「僕（私）には中学校生活がわかりません。先生を全面的に信用しています。教えてください」とその目が言っている。その目は、小学校時代の学級担任が全面的に自分の面倒を見てくれたような、そういう学級担任の動きを期待している。しかし、小学校から中学校に上がっての一番の違いは、その学級担任というものの意味・意義の違いなのだ。小学校の学級担任に比べて、中学校の学級担任は生徒たちから見て距離がずいぶんと遠いのである。このことが中一ギャップの大きな要素の一つになっている現実がある（もちろん、要因のすべてではない）。第一子が中学校に入学したとき、保護者が中学校の学級担任に不信感というか、不親切感というか、対応が粗雑である印象を受けるのもここに起因する。

中学校（以上）の教師にとって、仕事の中心は学級経営ではなく、授業である。もちろん、学級経営も大事だとは考えているが、小学校教師が大事に考えるのとは次元が異なる。小学校教師は授業を学級経営の一環だと感じている。よく小学校では「学級づくりは授業づくりが勝負」と言われるが、これは授業の運営によって学級集団をも育てていくという意味だ。すべての授業を自分で行い、それと同時に学級経営も同時進行する小学校の学級担任にとっては、学級経営と授業運営は自らの学級担任としての仕事の両輪である。

しかし、中学校の学級経営は違う。自分の学級には国・社・数・理・音・美・体育（男女別）・技・家・英と十一人の教師が入る。体育と保健が別の教師なら、十二人だ。僕は国語教師であり、割と学級毎の授業時数の多い教科を担当しているが、それでも僕が学級担任として自分の学級に入るのは多くても国語で四時間、学活・道徳が各一時間、総合的な学習の時間が二時間の週八時間だ。二十一時間は自分の学級を他の教師に預けなければならない。

しかも、国語の授業で自分の学級以外にも三〜四学級担当することになる。自分の学級でなくても、教科担任として担当すれば、その学級の国語の授業運営、国語学力の形成、国語科の評価の責任は僕が負うことになる。つまり、中学校（以上の）教師にとって、仕事上の全精力を自分の担任学級に注ぐということは、システム上あり得ないのである。ついでに言うなら、中学校では多くの教師が部活動を担当していて、そのうち半数程度は担任学級の生徒以上に担当する部活生徒との関係のほうが深い。ここにも、小学校と中学校の学級担任の機能を大きく隔てる要因がある。

しかし、ここが重要なのだが、であるにもかかわらず、小学校教師も中学校教師も、自分は学級担任として〈擬似親〉〈擬似兄〉〈擬似姉〉だと感じている。メンタリティとしては、小中どちらの教師も担任する子どもたちのことをよく考えているつもりである（事実、考えてはいるのだが）。しかし、中学校の教師は小学校教師が担任する子どもたちにどこまで深くかかわっているかを見たことがないが故に、その違いに気づかない。生徒や保護者は入学当初は小学校の担任教師のイメージで中学校の担任教師を見るからそこに齟齬が生まれる。この時期に担任と生徒の関係がうまくいかなくなったり、担任と保護者の関係がうまくいかなくなったりする理由の第一は、まず間違いなくここにある。僕は中学校以上ではいわゆる学級担任を「担任」と呼ばないほうが良いのではないかという気さえしている。小学校の「たんにんのせんせ」と中学校の学級担任は明らかにその機能が異なる。

読者のみなさん（特に保護者のみなさんは）はここまでを読んで、中学校の学級担任が小学校に比べて生徒たちから見て遠い存在であり、冷たい印象をもたれることばかりを僕が強調しているように見えるかもしれない。小学校の学級担任のほうが密接にかかわってくれ、その人間関係も温かいと。

しかし、小学校の学級担任制も良いことばかりではない。学級担任と子どもとの関係がうまくいっているときは良い。しかし、事は人間対人間である。ウマが合わない、ソリが合わないということはどうしてもあるものだ。そんなとき、朝から夕方まで一日中学校で影響を与え続ける小学校の学級担任からは、一瞬たりとも逃げられないということになる。小学校の学級担任と中学校の学級担任と、子どもとの人間関係トラブルが生じた場合には、まず間違いなく小学校のほうが問題は深刻になる。

中学校（以上）では、学級担任とウマが合わなかったとしても、他の先生とウマが合えば救われるという現象が起こる。英語の担任とはウマが合わないけれど、国語の教科担任によく相談に乗ってもらっている。国語が嫌いで、点数も取れないので、国語の担任とはなんとなく人間関係がうまくいかない、でも、絵が好きで美術の教科担任はずいぶんと自分を可愛がってくれる。勉強が苦手で昼間はやっとの思いで授業を受けているけれど、夕方からの部活の先生とは固い絆で結ばれている。こういうことがいっぱいある。それが中学校（以上）の教科担任制なのだ。

小学校の学級担任は自分でも意識しないうちに、子どもたちを自分自身の接しやすい子どもたちにしようとしてしまう。自分の運営しやすい学級集団にしようとしてしまう。中学校（以上）の学級担任は自分の学級の生徒たちをどんな先生にでも接することのできる生徒たちにしたいとの理想を抱く。十一人の教科担任のうち、力量のない教師が三、四人いたとしても授業不成立ということにならない、そんな学級をつくろうとする。この違いは生徒や保護者には見えにくいが、実はとてつもなく大きな違いなのである。

4. 生徒指導と職員室カースト

この構造を踏まえて、学級担任の〈スクールカースト〉が高い場合、低い場合の違いを考えてみよう。

小学校でも高学年になると、都市部では〈スクールカースト〉を意識した動きを子どもたちが見せる場合がある。当然、学級担任にもその眼差しが向けられる。学級担任の〈カースト〉が低い場合には、学級崩壊まっしぐらということになる。しかも価値観が多様化し、高学年の子どもたちも自分独自の価値観で動こうとする昨今の情勢に鑑みたとき、無意識的に自分の接しやすい学級集団をつくろうとする小学校担任は、この構造に陥りやすい。高学年担任が足りないと言われる昨今の小学校の現状はこうした構造が産み出していると見て良い。

一方、中学校では、〈スクールカースト〉の低い学級担任の学級にも、〈カースト〉の高い教師が一人も教科担任として入らないということは考えにくい。逆に、〈カースト〉の高い担任の学級にも、〈カースト〉の低い教師が一人も入らないということも考えにくい。従って、〈スクールカースト〉の高い担任の学級もある教科で授業がざわついたり、場合によっては不成立ということもあり得るし、〈カースト〉の低い担任の学級もある教科ではきちんと授業が成立するということもあり得るわけだ。また、〈スクールカースト〉の高い担任の学級では、〈カースト〉の低い教科担任の授業における生徒たちの態度について、担任が指導することによって深刻な事態にまでは至らないということもあり得るし、たとえ〈カースト〉の低い担任の学級だったとしても、〈カースト〉の高い教科担任の指導によってその学級経営がフォローされるということも起こり得る。中学校はこうして、すべての学級が複数の教師によって運営されることで、小学校に比べて深刻な崩壊学級というものが出にくくなっている。

とはいえ、中学校が常に組織的な対応ができるのかと言うと、決してそうではない。中学校は多くの場合、学級担任一人ひとりが独立して動いているというよりも、少なくとも建前としては、学年教師が全員で一致結束して動くことを旨としている。このとき、中心的に方針を示すのは学年主任教師や生徒指導担当教師である。つまり、〈スクールカースト〉の高い教師であるわけだ。生徒たちから見て〈スクールカースト〉の高い教師は、一般に〈職員室カースト〉も高いことが多いからこのこと自体は問題ではない。

しかし、問題は、〈スクールカースト〉の高い教師が全体の方針を決めると、〈カースト〉の高い教師にしかできないような方針を打ち出しがちになるところにある。〈カースト〉の高い教師は自らの仕事の作法、生徒への接し方の作法を基準に方針を立てる。自分にできることはすべての教師にできるべきだという基本姿勢で具体策を講じる。〈カースト〉の低い教師が事実確認を徹底できなかったり、生徒たちに嘘をつかれたり、或いは指示に従わない生徒に逃げ出されたりといったことがあると、生徒たちの責任を問うこと以上に〈カースト〉の低い教師の指導力のなさに視線が向く。なかには「そんなこともできないのか」とその教師を叱責したり、「おまえはできることだけをやればいい」と生徒指導場面からはずしたりといったことをする者もいる。もちろん、〈カースト〉の低い教師は自信を喪失することになる。

読者のみなさんはこれを読んで、その教師の力量が低く、指導力が不足しているのだから仕方ないと思われるかもしれない。しかし、事はそう単純ではない。指導力の高い教師、〈スクールカースト〉の高い教師だからと言って、すべての生徒たちを掬い取れる指導ができるというわけではないのだ。学校にはおとなしい子、精神的に弱い子、依存性の高い子がたくさんいる。一般に、指導力がある、〈カースト〉が高いと言われる生徒指導系の教師たちは、こうした生徒たちに対する指導を得意とはしていない。確かに生徒集団全体の規律を高めることは得意としている。しかし、そうした規律を重んじる指導規範からこぼれ落ちる生徒たちは決して少なくないのだ。そして、実はこうした生徒たちへの対応を得意としているのは、一般に〈スクールカースト〉の低い教師たち、〈職員室カースト〉の低い教師たちなのである。もしもこれらの教師たちが学校からいなくなってしまったとしたら、おそらくこうした弱い生徒たちは拠り所を失ってしまうに違いない。極端に言えば、もしも学校という場に〈スクールカースト〉の高い教師だけしかいなくなってしまったとしたら、学校は不登校生徒だらけになりかねないのだ。

職員室において「指導力が高い」と言われる生徒指導系の教師、そしてそれ故に〈スクールカースト〉が高いと目される教師たちがこうした構造に気づいていない場合、その職員室の人間関係はかなりギスギスしたものになる。ギスギスしたというよりも、ほんとうは弱い生徒たちをしっかりとフォローし、学校運営や学年運営に多大なる貢献をしている教師たちが正当に評価されず、職員室で発言力をもたないという歪んだ組織になりがちなのだ。

僕は学校教育全体がこの歪んだ構造に気づかない悪弊に陥っていると感じている。校長が評価するのは〈カースト〉の高い教師である。生徒や保護者の多くが頼りにするのも〈カースト〉の高い教師である。職員室で発言力をもつのも〈カースト〉の高い教師である。〈カースト〉の低い教師は、〈カースト〉の低い生徒とその保護者から信頼されることはあっても、学校運営・学年運営に参画するタイプの発言権をもちにくい。この構造がいじめ指導において、実は加害者に手厚く、被害者に冷たい指導を招いてしまうことになる。多くのいじめ被害者の保護者が学校に大きな不満を抱くのは、自分の子がちゃんとフォローされていない、或いは〈カースト〉の低い教師にフォローしてもらっていたとしても、それが全体のものになっていない、そうした構造に対してなのである。

5. 職員室カーストの悪しき構造

前にも述べたように、教師には三つのタイプがある。〈父性型教師〉〈母性型教師〉〈友人型教師〉だ。〈父性型教師〉は生徒たちに悪いことは悪いとしっかりと伝えられるタイプの規範重視型教師、〈母性型教師〉は悩んでいる生徒を優しく包み込むようなタイプの寄り添い重視型教師、〈友人型教師〉は生徒たちと気さくに話し、いろいろなことを一緒に楽しむタイプの生徒同化型教師である。もちろん、男女は問わない。あくまで教師としてのタイプの話だ。多くの教師は生徒たちと感覚が近い若いうちは〈友人型教師〉の様相を呈す。年齢が上がり、経験を重ねるうちに、〈父性型教師〉と〈母性型教師〉とにタイプが分かれていく。そういう構造がある。

読者のみなさん（特に保護者のみなさん）は、教師たる者、この三つのどの資質ももっていなければならないだろうとお感じになるかもしれないが、現実的にそれは無理だ。〈父性的〉な人間と〈母性的〉な人間というのは、一般的にも相対的に分かれるものである。これは人間の二つのタイプであり、そのどちらの資質も均等に持ち得るなどということは考えられない。しかも、経験年数が少ない二十代の若者に悪いことは悪いと迫力をもって生徒たちに告げるとか、母親のようにどこまでも弱い生徒に寄り添い続けるなどという資質が身についているはずもない。もしもこれら三つの特質をすべてもっていなければ教師になれないのだとしたら、教師になる資格をもつ者はこの世にいなくなってしまうだろう。この点については、拙著『教師力ピラミッド　毎日の仕事を劇的に変える40の鉄則』（明治図書・二〇一三年一月）に詳述したのでここでは繰り返さない。

一方、こういう特質もある。人間は自分の特質にあったこと、つまり自分のできることについてはその効果を過大評価し、自分のできないことに関しては過小評価しがちだということだ。これが教師の三つのタイプのそれぞれにある。

〈父性型教師〉は一般に、自分の働きが学校全体や学年集団の規律維持に大きく貢献していると感じている。自分がいなければこの学校は成り立たない、自分がこの学年の安全・安心をつくっている、そう感じている。その眼は主にやんちゃ系の子どもたちに向けられており、いじめ事案であれば主にいじめ加害者をどう指導するかに向けられることになる。その結果、いじめ被害者がその指導過程においてどのような苦しい思いを抱いているかとか、規範維持のために日常的になされる厳しい指導に馴染まず、学校の指導の在り方を息苦しく感じている一部の生徒たちの心情に思いを馳せるとかいったことができない。なかには、そうした生徒たちを弱い生徒たちとして、軽視する者さえいるほどだ。

〈母性型教師〉は一般に、自分が深くかかわっている生徒を、現在の指導体制から漏れた子を自分こそが救っているという意識をもっている。しかも、その生徒の苦しみはこうした指導体制だからこそ生まれたものであり、この指導体制の犠牲者だと感じている場合さえある。〈父性型教師〉の規範維持を重視する指導の在り方を体質が古く、必要のないものと感じている場合さえある。〈父性型教師〉に目をつけられ、職場での仕事がやりづらくなってはかなわないので表立って批判はしないけれど、こうした批判の眼をもっている〈母性型教師〉は決して少なくない（ただし、その多くは男性教師である）。

〈友人型教師〉は若く、生徒たちと感覚が近いだけに、生徒たちのなかに入り、一緒に笑ったり一緒に悩んだりといった学校生活を送っている。見ているテレビ番組に生徒たちと共通するものがたくさんあったり、休み時間や放課後に躰をぶつけ合ってスポーツに熱中したりということもある。生徒たちと一緒に、いわゆるコイバナに花を咲かせることもあるし、「先生だから言うけど……」と生徒から情報を入手できることも少なくない。年齢を重ねた〈父性型教師〉や〈母性型教師〉にはもはやできないような生徒たちとのコミュニケーションを日常的に図ることができる。しかし、〈友人型教師〉はこれが若さ故の特権であることに意識が向かず、自分だって年齢を重ねれば多くのベテラン教師と同じようにいまのような距離感覚で生徒たちが接してくれなくなることに思いが至らない。自分の人間としての資質であるように勘違いしてしまうわけだ。それが口にこそ出さないものの、先輩教師への批判の眼と化すことも決して少なくない。

さて、これを〈スクールカースト〉の観点で分析してみよう。

一般に、〈スクールカースト〉の最も高い教師は、〈父性型教師〉である。次いで高いのが〈友人型教師〉のなかで将来、〈父性型教師〉になるであろう若手・中堅の教師である。

つまり、教師陣からも生徒たちからも、将来の〈父性型教師〉候補と目されるタイプの教師たちだ。次いで〈母性型教師〉、将来の〈母性型教師〉候補としての〈友人型教師〉と続いていく。

しかし、これで終わらないのが教師集団の現実である。実は教師のタイプはこれですべてではないのだ。この他に、自分では〈父性型教師〉だと思って生徒に不条理な厳しさを示す〈勘違い父性型教師〉、自分では〈母性型教師〉だと自己認識して生徒に接するものの、そのかかわりが中途半端に終わり生徒たちからの信頼を得られない〈勘違い母性型教師〉、自分では〈友人型教師〉だと思って生徒たちに接しているが、生徒たちとほとんどまったくと言って良いほどに心を通わすことのできない〈勘違い友人型教師〉といった者たちがたくさんいるのである。こうした教師たちは、生徒たちから見て、〈スクールカースト〉が極端に低い教師たちということになる。

読者のみなさんは既におわかりかと思うが、こうした教師たちは、第一章で提示した〈⑦自己チュータイプ〉や〈⑧何を考えているかわからないタイプ〉の生徒たちと極めて酷似した特質をもっている。実はこうした教師たちが、いじめ指導を機能させにくくさせている現実があるのだ。機能させにくくさせているというよりも、いじめ指導を混乱させているると言ったほうが良いかもしれない。

前にも述べたように、いじめ指導には、

① 事実関係を細かく確認し、いじめの事実の全体像を明らかにする。

② 確認された事実に基づいて適切に指導する。

③ これで解決と考えずに時間をかけてフォローとケアを心掛ける。

という三段階が必要である。しかし、事実確認の段階で〈勘違い父性型教師〉が加害生徒から思い込みで間違った事実しか聞き出せないとか、指導段階で一方的に怒鳴りつけて、生徒たちを萎縮させてしまい、後に保護者のクレームを受けることになるとか、フォロー段階で〈勘違い母性型教師〉や〈勘違い友人型教師〉が中途半端なフォローやケアをして生徒を不登校に陥らせてしまうとか、そうした混乱がよく生じるのである。

しかし、である。ここが重要なのだが、こうした〈勘違い教師〉たちが生まれるのは、決して当人たちだけの責任とは言えない部分があるのだ。

〈勘違い父性型教師〉が生まれるのは、職員室に〈父性型教師〉が〈母性型教師〉や〈友人型教師〉の役割的価値を認めず、〈父性型教師〉こそが教師のあるべき姿であるという雰囲気が形成されている、そういう職場で経験を重ねてきた場合が多い。本来は〈母性型教師〉的な資質をもっているのに、生徒たちに厳しく接し、時には怒鳴りつけることも厭わないという姿勢を示すことが正しいと教育されてきた結果としてそのような教師になってしまっているという例がたくさん見られるのである。

また、〈母性型教師〉や〈友人型教師〉にもタイプがある。やんちゃ系生徒に唯一優しい接し方をしてその教師の前でだけはその生徒をこんにゃくのようにしてしまう〈母性型教師〉もいれば、精神的に弱い子、依存性の高い子をとにかく包み込んでなんとか一本立ちさせることを得意としている〈母性型教師〉もいる。スポーツや恋愛に親和性のある〈友人型教師〉もいれば、漫画やアニメ、芸能に強いオタク系の〈友人型教師〉もいるのである。要するに、〈母性型教師〉や〈友人型教師〉は、その教師個々のキャラクターや人間的資質、人間的素養と切っても切り離せない教師の在り方なのである。これが、一般に流布する「教師は生徒に寄り添ってこそ」というテーゼに影響され、本来、自分に向かない生徒たちにまで指導力を発揮しようとして破綻してしまうという事例がこれまた多く見られるのだ。

つまり、これらの勘違い教師たちも、適材適所のポジショニングが与えられれば、決して〈スクールカースト〉の低い教師に甘んじ続けなければならないというわけではないのである。すべての学校関係者はこの構造に自覚的であるべきだ。

6．いじめ対応と教師のチーム力

しつこいようだが、いじめ指導の勘所は次の三段階だ。

① 事実関係を細かく確認し、いじめの事実の全体像を明らかにする。

② 確認された事実に基づいて適切に指導する。

③ これで解決と考えずに時間をかけてフォローとケアを心掛ける。

この三段階のうち、①②は〈スクールカースト〉の高い〈父性型教師〉が得意としている。しかし、〈父性型教師〉は③を不得意とし、これを得意としているのは相対的に〈スクールカースト〉が低いと目される〈母性型教師〉だ。また、〈友人型教師〉も自分のタイプと生徒のタイプとが合致すればこの役割を担うことができる。

問題は、多くの場合に、いじめ指導において指導の在り方を立案し、実質的にキーマンとなる〈父性型教師〉がこの構造に気づいていないことにある。〈父性型教師〉がキーマンになるにもかかわらず、自らの存在によって〈母性型教師〉や〈友人型教師〉に働きにくい環境をつくってしまっているわけだ。まずはこの構造を打開しなければならない。

学校というところは、実は〈父性型教師〉が大きく影響力をもっている組織だ。職員会議での発言力も高く、主導権をがっちり握っている場合が多い。他の教師たちは自分たちが指導しきれないやんちゃ系の生徒たちを〈父性型教師〉が一手に引き受けてくれているという意識をもっているため、なかなか〈父性型教師〉に逆らうわけにはいかないという雰囲気があるのが一般的だ。しかし、いじめ指導に限らず、この構造による悪影響が学校にはたくさんある。

かつての学校は一部のやんちゃ系生徒を〈父性型教師〉が手なずけさえすれば、他の生徒たちは問題行動を起こすこともなければ日常的にケアが必要とされることもなかった。それほど手がかからなかったから、〈母性型教師〉や〈友人型教師〉はもちろん、勘違い教師たちが自分の感覚で動いたとしてもそれなりに学校教育は成立していた。

しかし、現在は様相が異なる。「〈反〉社会生徒」と呼ばれる教師に反抗的な生徒たちが減り、「〈非〉社会生徒」と呼ばれる学校規範に馴染まないメンタリティの弱い生徒たちが増えた。それに加えて、土井隆義が「〈脱〉社会生徒」と呼ぶ悪気なく学校規範から逸脱する生徒たちが多く見られるようになった。要するに、やんちゃ系の生徒たち以外の生徒たちに以前とは比較にならないほどに手がかかるようになってきているのだ。そこには日常的に、さまざまな配慮を要したり、時間をかけて地道に説得を続けたりといった指導が欠かせなくなったのである。

このことは、かつてと比べて相対的に〈母性型教師〉や〈友人型教師〉の重要性を高めることになる。日常的な配慮やケア、地道な説得といった指導の在り方は〈父性型教師〉の不得意とするところだからだ。また、こうした細かな指導・援助・支援をしながら規範を維持するような生徒指導を施すということ、つまり、父性的な指導と母性的な指導とを一人の人間が両立させるということはなかなか難しいことである。いかに〈スクールカースト〉の高い〈父性型教師〉といえども、言っていることとやっていることに矛盾が生じたり、学校全体や学年全体のために時に発動しなければならない強権的な指導に生徒たちが怯えたり、保護者からクレームが来たりといったことも起きてしまう。〈母性型教師〉がストレスが溜まって、我慢しきれずに生徒に強圧的な指導を施してしまう場合がある。たった一回の強圧的な指導がその生徒との関係を決定的に破綻させてしまうことさえある。日常的な配慮、ケア、地道な説得というものは、一度も揺れることなく一貫性を保ってこそ機能するものなのだ。このことを軽視してはならない。

では、どのような場合に、〈母性型教師〉や〈友人型教師〉は一貫性を保ちながら生徒との人間関係を紡げるのか。それは、〈父性型教師〉が全体の規範を維持している場合である。〈母性型教師〉や〈友人型教師〉が独立して指導の一貫性を保っているのではない。〈父性型教師〉が生徒たちの壁となって全体規律を維持しているからこそ、〈母性型教師〉や〈友人型教師〉の機能も活きるようになるわけだ。

つまり、僕が言いたいのはこういうことだ。

一般に、学校の先生は、怖い先生がいたり、優しい先生がいたり、お兄さんお姉さん的な先生がいたり……と、さまざまな先生がいて、それぞれが独自にその人間性で生徒たちへの教育を施していると考えられている。しかし、そうではないのだ。それぞれの独立したキャラクターの教師が独立した仕事をしているのではなく、それぞれのキャラクターの教師が相互補完をしながら生徒たちの教育に当たっているというのが実態なのである。

しかも、生徒たちから見れば、そのそれぞれのキャラクターを相対評価することによって、それぞれの先生のイメージが形づくられる。

例えば、Aという先生がいたとしよう。特にこれと言って特徴のない、普通の先生である。生徒を追い詰めるほどに叱りつけることもなければ、生徒をとことん包み込むというわけでもない。ごくごく普通の先生だとする。

このA先生の所属する学年が三学級で、A先生が2組の担任だったとしよう。もしも1組と3組の担任が〈父性型教師〉で、規範維持を最重点として生徒たちに接するタイプの先生だったとしたら、A先生は生徒たちから「優しい先生」と評価される。教師としては平均的な先生に過ぎないのに、生徒たちがあくまで他の二人の担任と無意識のうちに比較しながら見ているので、そういうイメージができあがってしまうのだ。逆に、1組と3組の担任が〈母性型教師〉だったとしたらどうなるだろうか。この場合には、同じ人間であるにもかかわらず、A先生は怖い先生と見られることになる。しかも、特別に〈父性型教師〉としてのスキルを持たないA先生にそのようなイメージがつくのだから、A先生は指導の在り方が厳しすぎるとか、細かな指導の仕方に難があったとかいったことで、生徒との軋轢を起こしやすくなる。当然、保護者からのクレームも受けやすくなるわけだ。

よく、前任校では何の問題もなく教師の仕事を全うしていたのに、転勤を機に学級崩壊を起こしたり指導力不足を指摘されたりする教師がいる。また、前任校では学級崩壊ばかりして指導力不足教員ではないかとのレッテルを貼られた教師が、転勤を機になんの問題もなく学級を運営することも少なくない。こうしたことが頻繁に起こるのは、教師という仕事が個人として独立して評価されるのではなく、あくまでも一緒に仕事をしている教師陣、更に言うなら生徒たちの視野に同時に入っているのがどんな教師陣かによって、一人ひとりの教師の評価が相対的に変化するものだからなのだ。

僕の言わんとしていることがおわかりだろうか。

学校はもはや、チームで動かなければほとんど運営できない、そういう場になっているのだ。〈父性型教師〉だけではやっていけない。ましてや〈母性型教師〉や〈友人型教師〉だけでもやっていけない。この三者がバランス良く機能しなければ、いじめ指導はおろか、ごく小さな生徒指導さえ機能させ得ない、そういう場になってきているのである。しかも、学校教育の現場にいる僕には、現在もこの傾向は加速度的に進行している印象がある。現在の状況が続けば、おそらく学校教育は十数年後から二十数年後には機能しなくなってしまうだろう。そういう危機感を僕は抱いている。

もちろん、学校教育制度なんて破綻してもいいという意見もあり得る。しかし、もしも学校教育というものにポジティヴな評価を与え、これからもこの制度を維持していこうと考えるならば、三つの意識改革が必要だと思う。

一つは、学校側が協働の意識をもつことだ。一貫した指導をとか、校長を頂点としたピラミッド組織をとか、そういうことを言っているのではない。組織的ないじめ対応、組織的な生徒指導体制を敷く場合に、まずはキーマンとなるのは〈父性型教師〉である。全体の規律維持、集団生活のルールを守れと日常的に生徒たちに訴える教師はどうしても必要だ。〈父性型教師〉がいなければ、〈母性型教師〉の母性も〈友人型教師〉の友人性も機能し得ない。しかし、決して陥ってはならないのは、〈父性型教師〉が自らを過信し、〈母性型教師〉や〈友人型教師〉を見くびることである。〈母性型教師〉や〈友人型教師〉は、

〈父性型教師〉にとって自らが構造的に取りこぼしてしまう生徒たちを救っているのである。〈母性型〉や〈友人型〉がいなければ、〈父性型教師〉もまた機能し得ないのだということを、他ならぬ〈父性型教師〉自身が自覚せねばならないのだ。〈スクールカースト〉による弊害が生徒たちに蔓延している現状に対抗できるとしたら、学校側が〈職員室カースト〉の弊害に陥らないことがまず必要なのである。

二つ目に、学級担任制の弊害を緩和することだ。前にも述べたように、小学校の学級担任と中学校・高校の学級担任にはその機能に大きな違いがある。そのことをすべての教師、すべての子ども、すべての保護者が深く認識することだ。そのことがこの社会の常識になるくらいに認知されることだ。具体的には、これまた前にも述べたように、中学校以上の学校の学級担任に別の名前を施すか、或いは最近、多くの私学の小学校が採り入れているように小学校高学年を教科担任制にして、組織的ないじめ対応体制、生徒指導体制を小学校のうちに子どもたちに経験させておくかのどちらかになると思う。

三つ目に、学級担任制の弊害の緩和と関連するのだが、保護者（＝世論）が教師個人への期待以上に学校の組織力のほうに期待するという姿勢を身につけることが必要だ。保護者もマスコミも「良い先生」と「悪い先生」がいるということを無意識の前提としてすべてを判断している。大手新聞社でさえ、力量の高い教師個人を取り上げて紹介する（「教育ルネサンス」然り、「花まる先生」然り）。そうした教師が脚光を浴びる。しかし、マスコミに紹介される力量の高い先生の在籍する学校では、その教師の隣にまず間違いなくその教師と比較され、必要以上に相対的に低く評価され、教育活動をやりづらくさせられている教師がいるのだ。力量が高いと紹介される教師は多くの場合、自分の自己実現ばかりを優先して、自分のせいで必要以上に教育活動をうまく機能させられない隣の教師をなかなかフォローしない。そういう悪しき構造もある。

もしもこの三点が実現されるならば、いじめ事案が起こっても、すぐに的確な組織的対応が取られることになるだろう。「事実確認→指導→フォロー・ケア」という三段階も日常的に機能するようになるのである。

あとがき

こんにちは。堀裕嗣です。最後までお読みいただきありがとうございました。

生徒のいじめ自殺から学校の不手際がセンセーショナルに報道される。そういう事案が目立っています。最近も東北のある大都市の隣町で、大きないじめ自殺が起きました。担任教師の不手際が報道され、校長の対応のまずさが指摘され、保護者が法的手段に訴えと、どんどん問題が大きくなっている感があります。学校側の危機管理体制や校長の対応は、現場教師の僕から見ても不手際の連続と感じられますから、それも仕方のないことだろうとは思います。自殺した子の保護者としては、学校の対応が許せない、いじめた加害者側が許せないと思うのも当然のことです。僕がその立場でも、法的手段を講じるだろうと思います。正直、二十一世紀に入って十五年も経つのに、こんな対応をする学校がいまだにあるのか……というのが、僕の正直な印象でもありました。

しかし、こうした報道は、まず起こった結果があって、そこから学校側がどう対応したかが後で追及されるという構造を取ります。もちろん重大な結果が起こってしまったわけですから、それはそれで必要なことです。しかし、大きな事件が起き、それをセンセーショナルに報道して責任を追及するだけでは、おそらく学校はリスクマネジメントに走るだけです。リスクマネジメントと言えば聞こえは良いですが、その実態は対応マニュアルがつくられるに過ぎません。自殺を示唆した生徒にどう対応するのか、実際にいじめ自殺が起こったときにどう対応するのか、そういう文書が作られ、実際にそうした事案が起こったときにそれぞれ自分が深刻な責任を問われないためにマニュアル通りに動くようになる、それだけのことです。そんなことでいじめ自殺をなくせるはずもありませんし、いじめ事案を解決できるはずもありません。

もっと日常的な場面で、学校という場で何が起こっていて、現場の教師がなにを考えているのか、それを伝えるのが僕の役目かなと感じて本書を執筆しました。それが成功しているのかどうかは読者の判断に委ねるしかありませんが、少なくとも僕は、学校の日常を語るうえで〈スクールカースト〉は一つの有効な観点になると考えています。

最後に編集の白石正明さんに深く感謝申し上げます。白石さんとの二人三脚の仕事はとても有意義でした。本書が一人でも多くの方に、学校現場の現在《いま》を考える契機として機能してくれたら、それは望外の幸甚です。

堀　裕嗣

ほり・ひろつぐ

1966年北海道湧別町生まれ。1991年より、札幌市の中学校国語科教諭。現在、「研究集団ことのは」代表、「教師力BRUSH-UPセミナー」代表、「実践研究水輪」研究担当を務めつつ、「日本文学協会」「全国大学国語教育学会」「日本言語技術教育学会」などにも所属している。『教師力入門』『教師力ピラミッド』（明治図書）、『学級経営10の原理・100の原則』『生徒指導10の原理・100の原則』（学事出版）、『中学生の通知表所見欄記入文例』（小学館）ほか、著書・編著多数。

小学館新書 250

スクールカーストの正体

―キレイゴト抜きのいじめ対応―

二〇一五年十月六日　初版第一刷発行
二〇二三年六月十七日　第二刷発行

著者　堀　裕嗣
発行者　杉本　隆
発行所　株式会社小学館
〒一〇一-八〇〇一　東京都千代田区一ツ橋二-三-一
電話　編集：〇三-三二三〇-五六八三
販売：〇三-五二八一-三五五五

装幀　おおうちおさむ
印刷・製本　中央精版印刷株式会社
本文イラスト　高橋正輝
図表作製　永井俊彦（ラムデザイン）

Printed in Japan　ISBN 978-4-09-825250-3